▲ 시비 「늦가을 산책」

▶▼ 백두산·금강산·개성 방문
(P 183, 188, 192 참조)

▶ 처음 백두산에 올라
(하루 종일 안개로 천지구경 못함)

◀ 백두산 천지 (서파로 올라감)

▲ 백두산 조·중 경계선

▶ 끊어진 압록강 철교

▲ 금강산 천선대에서

▶ 금강산 구룡연에서

▲ 개성 박연폭포　　　　　▼ 개성 선죽교

김송배 시인의 감성 수상집

할 말은 많사오나, 이만 총총

소소21

할 말은 많사오나, 이만 총총

김송배 감성 수상집

1판 1쇄 인쇄/ 2024년 4월 20일
1판 1쇄 발행/ 2024년 4월 25일

지은이 / 김송배
펴낸이 / 우희정
펴낸곳 / 도서출판 소소리

등록 / 제300-2007-21호
주소 / 03073 서울 종로구 성균관로 5길 39-16
전화 / 765-5663, 010-4265-5663
e-mail : sosori39@hanmail.net

값 14,500 원

*잘못된 책은 바꿔드립니다.

ISBN 979-11-5891-200-0   03810

시인의 감성 수상집

할 말은 많사오나, 이만 총총

김송배

소소21

책머리에

詩로 쓰고 남은 여운의 자투리

　내게 남은 시간은 얼마일까. 요즘 시간에 대해여 골몰하는 경우가 많다. 오래전에 「시간에 대하여」라는 시를 연작으로 쓰면서도 말없이 지나가는 시간과 무심하기도 한 세월에 대해서 안타까움을 주제로 했지만 8순의 고개를 넘으면서 내가 앞으로 유효하게 사용할 수 있는 시간이 얼마나 남아있는지에 관심을 갖게 되었다.

　이것은 내 주변에서 아주 친밀하게 교감하던 지인들이 하나 둘씩 이 세상을 떠나기 때문이다. 문학동인 활동을 했거나 남달리 친교를 가졌던 문인 친구들, 선배들 등 헤아릴 수 없는 많은 분들이 타계하는 것을 접하고 인생무상이랄까 어떤 허전함이 엄습하고 언젠가는 나도 그들처럼 하직해야 한다는 사념(思念)이 어른거리기 때문일까.

　나는 요즘 문단의 모든 직함에서 떠나 오직 우거(寓居)에서 독서와 일생의 행적을 정리하면서 시간을 송영(送迎)하고 있다. 시도, 책도, 인생도, 사랑도, 잡다한 사유의 범주(範疇)도 모두 정리하면서 자아에 대한 존재의 성찰로 유유자적하고 틈나면 조주선사의 『방하착(放下着)』이나 장자의 『무하유지향(無何有之鄕)』과 정다운 스님의 『무소유』등에 심취하고 있는 것이다.

  그동안 나는 시와 인생을 동행하면서 많은 행운을 만끽(滿喫)했다. 한국예총에서, 한국문인협회에서 문학의 정수(精髓)를 깨달았고 전국의 문인들과도 교감할 수 있었다. 시를 쓰면서도 각 회사의 사보(社報)에서 잡문(雜文) 청탁도 많아서 열심히 글을 썼다. 그 결과 시집 13권과 산문집 5권, 평론집 6권을 상재하여 문단의 관심을 가진 바도 있었다.

  그 당시 책으로 펴내고 남아 있던 잡문 원고를 모아서 묶어두려 한다. 그때 조경희 선생은 산문집이 아니라 수필집이라고 찬사를 보내면서 한국수필가협회에도 가입하게 되었다. 지금은 모든 집필활동을 중지하고 특히 청탁해오는 글만 쓰고 있어서 시간적으로나 사유의 범위에서도 자유롭고 한가해서 그동안 팽개쳐져 있던 원고들을 모아서 이 책을 내게 되었다. 시로 쓰고 남은 여운의 자투리지만 결코 수필이 아닌 산문 혹은 잡문이니만치 그냥 지나가는 시객(詩客)의 하찮은 넋두리 정도로만 이해하기 바란다.

2024년 3월

연희동 우거 청송시원(聽松詩苑)에서 김송배

▷ 차 례

▷ 책머리에

1. 청산과 녹수의 비명

자연과 더불어 살아가는 인간의 삶 3제 —·12
이 가을, 시집 한 권 읽읍시다 —·18
글감이 있는 그곳 —·21
책 부자의 부러움 —·25
해인사 숲속에 누워 —·29
산촌에서 들리는 산바람, 물소리 —·33
왜, 하필 또 바람인가 —·37
고향을 꿈꾸며 —·42
'물멍'에 대한 변명 —·46
물은 이미지의 보고(寶庫)였다 —·51
동강은 흘러야 한다 —·54
봄의 소리는 영혼의 언어다 —·57

2. 말로써 말 많으니

국어사전을 몇 번 읽었는가 ― · 64
할 말은 많사오나 ― · 69
내가 좋아하는 방언. 좋은 말 ― · 73
잘못 읽기(誤讀) 쉬운 한자말 ― · 77
오징어 한 축, 북어 한 쾌 ― · 82
말로써 말이 많으니 ― · 86
왜 여자에게만 가혹한가 ― · 91
이등박문이가 열십자로 뻗었다 ― · 95
하루도 숫자 없이는 살 수 없다 ― · 99
각설이도 숫자로 풀었다 ― · 103
화장실에도 문화가 있다 ― · 107
고요한 밤 물고기가 달을 읽었다 ― · 111
낮말은 새가 듣고 밤말은 쥐가 듣는다 ― · 116
방랑시인 김삿갓의 해학 ― · 119
말장난인가, 언어유희인가 ― · 123

3. 불망의 그리운 인연들

월당 조경희 선생님과의 교감 ― · 128
상남(尙南) 성춘복 선생님의 은혜 ― · 135
문인과 찍은 사진 한 장 ― · 141
문학인이 띄우는 편지(김송배 · 정순영) ― · 144
문학과 동행한 절망의 시대 ― · 153
내가 당부한 주례사 ― · 157
시와 예를 공부했느냐? ― · 160
고전을 통한 지혜 일깨우기 ― · 163
나의 가상 유언장 ― · 167
아빠, 별탈 없으시죠 ― · 170
아찔했던 나의 병치레기 ― · 173
주유소를 찾는 시인들 ― · 178
금강산 문학체험, 두 갈래 체험 ― · 183
개성 박연폭포에서 황진이를 찾다 ― · 188
백두산 등정(登頂) 유감 ― · 192

4. 아니, 이런 요행수가

조선사 따라 배우기 몇 가지 ― · 198
고뇌와 만남의 뜻은 ― · 202
아니, 이런 요행수가… ― · 207
되풀이하지 말아야 할 모순들 ― · 211
IMF시대와 자린고비 ― · 215
변질된 사랑법 ― · 219
착각은 자유라 하지만 ― · 223
호랑이의 해, 호랑이의 효성 ― · 227
사촌이 땅을 사면 배가 아프다? ― · 231
용서함에는 뉘우침이 있어야 ― · 235
하늘이 알고 땅이 알고 ― · 239
살기 좋은 세상 만들기 ― · 243
분단 반세기의 고통은 긴장뿐인가 ― · 247
영글은 영혼을 위한 ― · 251

1.
청산과 녹수의 비명

자연과 더불어 살아가는 인간의 삶 3제

— 청산과 녹수의 비명을 듣고 있는가

 올 여름은 우리 생활 주변에서 많은 위기의 상황을 견디었다. 지난봄부터 창궐(猖獗)한 코로나19라는 괴질이 아직도 기승을 부리면서 온 국민이 위난의 시대에 직면하고 예방과 치료에 국력을 집중하고 있는데 하절기 특유의 기온 현상이 또 다시 우리들을 위험한 지경으로 몰아넣고 말았다.
 우리의 의료진들의 헌신적인 노력과 봉사로 코로나는 확진이 약간 감소하고 있으나 그래도 안심할 단계는 아니라고 한다. 그런데 유난히도 그 위력을 과시했던 태풍 마이삭이 서해 쪽을 휩쓸어서 폭우로 온 산천을 물바다로 만들었고 다시 하이선이 동해 쪽을 강타하여 폭우와 폭풍으로 가옥이 파괴되고 전답이 침수되어 농작물의 가을 수확이 불가능하는 등의 수해는 우리들을 물심양면으로 우울하게 하는 고뇌와 원망의 시대에 살고 있었다.

이러한 천재지변의 상황은 피해 주민들의 한숨과 절망으로 변해서 복구의 의지마저 상실되어 가고 있는 현장에서는 다소 분노의 소리도 들린다. 울창한 산야의 나무와 숲을 마구 잘라내고 골프장을 만든다. 또는 산등성이를 깎아내어 아파트를 짓는다는 등의 산림을 훼손해서 인간들의 편리함을 추구하는 정부의 시책에 실망하고 있는데 이는 천재가 아니라 인재라고 항변하고 있다.

우리나라를 금수강산이라고 한다. 이 수려한 강산이 어떤 이익집단의 개발경제논리로 마구 파헤쳐서 나무와 숲은 설 땅이 점점 줄어들어 산은 벌거숭이로 변하고 비가 약간 억세게 쏟아져도 산사태가 일어나고 저수지 둑이 터지고 제방이 무너져서 산천이 그야말로 쑥대밭이 되는 현상을 분노하고 있는 것이다.

옛 시에 '청산은 불묵이라도 천추화(靑山不墨千秋畵)요, 녹수는 무현이라도 만고금(綠水無絃萬古琴)이라'라고 읊었다. 청산은 물감이 없어도 천년동안 감상할 수 있는 그림이며, 계곡 맑은 물은 줄이 없어도 만년을 들을 수 있는 거문고라는 산천경개의 아름다움을 유장(悠長)한 정감으로 들려주고 있다.

우리들의 자연 파괴현상은 날로 심해지고 있다. 그만큼 이 지구촌의 재앙도 가속화하고 있는 것이다. 아마존의 수림을 찍어내고 개발해서 청정대기가 희박해지고 화산 폭발이 빈번해서 오염된 공기로 호흡을 해야 하는 생명의 위기를 먼저 눈치 챈 청산과 녹수가 절규하고 있다. 오호라, 사람들이여, 저 비명을 듣고 있는가.

(2020. 10. 『문학의 집·서울』 문집)

- 공원 숲길 산책과 걷기 운동

 지난봄부터 코로나19라는 괴질(怪疾)이 산자수려한 이 강산을 위난의 세상으로 뒤흔들어서 즐겨하던 등산을 할 수 없게 되면서 마을 근처에 있는 공원 숲길을 걷는 것으로 대신하고 있다. 산을 오르는 일은 건강에 좋은 유산소 흡입으로 심신을 단련하는 운동에 목적을 두지만 자연경관과의 교감을 통해서 시적인 감응으로 작품을 구상하는 적절한 기회도 동시에 가질 수가 있어서 매주 하루는 자연 속으로 산행을 한다.

 요즘은 모든 행사가 중단되고 사람들 만나는 일을 멀리하는 사회적 거리두기와 마스크 착용하기 등 일상생활에는 여간 불편한 일이 아니다. 아직도 확진자가 발생하고 있어서 국가적으로 위기의 시대를 극복하려는 노력에 부응하기 위해서 될 수 있으면 외출을 삼가하고 집에서 독서 등으로 소일하는 틈서리에서도 근린공원 숲길을 걸으면서 계절적인 순환의 정경에 흠뻑 젖기도 한다.

 봄 햇살이 따사로운 숲길에는 바람소리, 산새소리에서 그동안 지쳐있던 영육이 생기를 얻어서 삶의 의욕을 충전시키고 지천으로 피어나는 꽃들의 향연에서는 새 생명이 소생하는 감동으로 새 희망이 넘친다.

정비석의 「산정무한」과 박두진의 「청산도」를 떠올리지 않더라도 고즈넉한 오솔길에 빠져들면 만유(萬有)의 자연과의 진지한 대화가 시작된다. 거기에는 정다운 시가 있고 흥겨운 노래가 있어서 온몸 전율하는 정감의 환희를 음미한다.

봄이면 새싹 움트고 여름 청산, 가을 단풍, 겨울 설산, 사계절의 변화무쌍한 정취에 동화하는 오솔길에서 가슴 풀어 헤지고 마음껏 피톤치드를 마시면 오염된 세상의 자연과 우리들의 삶에 활력소를 보충하는 건강을 여기에서 찾으면서 자연 친화의 시도 한 편 흥얼거린다.

'청산과 녹수가 한 무리된 이 세상에는/ 너와 내가 호흡하며 살아가는 지상의 낙원/ 새소리 물소리 바람소리/ 한 자락 사랑의 언어가 울려 퍼지는 숲'에서는 대자연의 조화를 실감하게 된다.

하루 빨리 이 괴질의 위난을 극복하고 공원길 걷기에서 벗어나 활기찬 산행으로 일상적인 생활로 돌아가서 자연과 동행할 수 있는 온화한 세상이 그립다. 지금도 숲의 속삭임은 우리들을 안타깝게 손짓하고 있다.

(2020. 7. 『문학의 집·서울』 '그래도 꽃은 핀다」)

– 목멱산(木覓山) 자락에서 피는 시의 꽃

언젠가 남산 국립극장 마당에서 출발하는 '거북이 마라톤'이란 게 있었다. 아마도 한국일보사에서 매주 일요일마다 개최하는 건강행사였지 않나 싶은데, 이른 새벽부터 전 가족이 함께 남산길을 한 바퀴 돌고 다시 극장마당에 모여 다채로운 후속 이벤트를 마치고 해산하는 멋진 아침운동이었다.

이 남산길을 돌다보면 남산도서관과 용산도서관 못가서 '소월시비'가 서 있다. 누구나 가던 길을 잠시 멈추고 시비에 새겨진 시를 읽는 정경(情景)은 아침 햇살과 함께 정겹기만 하다.

누군가 소리 내어 읽는다. '산에는 꽃피네/ 꽃이 피네/ 갈 봄 여름 없이/ 꽃이 피네// 산에/ 피는 꽃은/ 저만치 혼자서 피어 있네// 산에서 우는 작은 새여/ 꽃이 좋아/ 산에서/ 사노라네 // 산에는/ 꽃이 지네/ 갈 봄 여름 없이/ 꽃이 지네.' 누군가 박수를 치기도 하고 가곡으로 한 곡조 뽑기도 한다.

이 남산을 옛날에는 목멱산이라고 했다. 조선이 개국이후 한양을 도읍으로 정하고, 도성남쪽에 위치해 있는 산이라서 남산이라 불렀는데 원래 이름은 목멱산이었다. 목멱은 우리의 옛말 마뫼로 곧 남산이라는 뜻이었다.

산의 높이는 262m이지만 야트막한 산책로에서는 벚꽃이 흐드러지게 피는 봄이나 신록의 여름, 가을의 낙엽, 겨울의 설경을 감상하면 목멱산의 참 맛과 그 향기를 느끼게 된다.

소월시비를 뒤로 하고 명동쪽으로 내려오면 우리 문학의 향기가 물씬 풍기는 '문학의 집·서울'을 만나게 된다. 여기에서는 온갖 문학행사를 접할 수가 있는데 자연사랑문학제가 전국적으로 인기를 끌고 있으며 심포지엄, 시민시낭송회와 각종 문학행사(문학상 시상식, 출판기념회 등등)가 열리고 있어서 문인들이 많이 드나들면서 서로 교감하고 있다.

지난 2009년 10월 어느 가을날에는 여기 산림문학관에서 조선일보사에서 후원하는 '책, 함께 읽자' 행사에서 '김송배 詩 읽기'를 개최하여 나의 애송시 40편을 읽는 대성황을 이루고 많은 시인과 독자들이 공감하는 시와의 만남이 있었다.

지금은 문학의 위기를 말한다. 사람들이 문학서적을 읽지 않는다는 것이다. 스마트폰에 매달려 자기의 영혼을 소진시키는 기현상의 시대에 살고 있는 것이다. 시집이 팔리지 않는다는 것은 오래전의 이야기이고 대학에서는 문사철(文史哲)의 학과가 위기에 놓였다는 풍문이 사실로 나타나고 있어서 안타깝다. 그러나 이 남산 자락에 들어와 보라. 언제나 시의 꽃이 피고 그 향기가 우리들의 영혼을 안온하게 진동시키고 있을 것이다. 시여, 비 개인 남산자락에 걸린 무지개로 영원하라.

『문학의 집·서울』

이 가을, 시집 한 권 읽읍시다

　벌써 귀뚜라미가 울어쌓고 아침저녁으로 서늘한 기운이 감돈다. 연일 단풍 소식과 함께 행락인파들이 언론매체를 장식하고 있다. 가을은 분명히 풍요의 이미지를 풍긴다. 그러나 어쩐 일인지 이 시대의 가을은 물질적인 풍족보다는 정신적인 빈곤이 대칭적으로 상기된다. 왜일까. 지금 우리는 인문학의 위기시대를 맞아 정서의 궁핍을 느끼면서 살아가고 있어서일까.
　우선 요즘 사람들은 책을 읽지 않는다. 경쟁사회에서 요행수를 바라거나 수단과 방법을 가리지 않고 자기만 건재하면 그만인 무서운 세상에서 독서가 무슨 필요가 있겠는가. 차라리 주식에 투자하고 복권이나 사고 잘 먹고 잘 사는 법을 터득하는 편이 자신을 위해서 가장 바람직하다는 정서의 형태는 궁극적으로 우리 모두를 병들게 하고 말 것이다.
　옛날에는 등화가친(燈火可親)이라고 해서 가을은 독서의 계절로 책 읽기를 권장했으며, 공자는 주역을 너무 많이 읽어서 책을 꿰맸던 가죽끈이 세 번이나 끊어졌다(韋編三絶)는 고사도 있다. 또한 남자는 오로지 다섯 수레의 책을 읽어야 한다(男兒須讀五車書)는 등의 교훈은 그 의미가 퇴색하고 있는 듯하다.

우리 학생들은 학교에서 입시 교육의 포로가 되어 있고 일상인들은 텔레비전과 사이버공간에서 영상매체들과의 단순한 교감에서 맛보는 일시적인 쾌감에 매혹되어서 책은 아예 가까이 하지 않는 생활의 연속이니까 국민 정서가 말라붙어서 사회문제를 야기하는 이기주의가 팽배할 수밖에 없는 무서운 사회로 변하고 있다.

이러한 사회의 구조변경이나 국민생활의 개혁은 독서를 지향하는 의식의 정립을 위해서 국가가 정책적으로 나서지 않으면 안된다. 문학교육을 통한 정서의 올바른 이해와 조화를 탐색하는 사색이 필요하다. 사색의 중심축에는 독서가 방향을 제시하고 있어서 문학서적의 탐독이 더욱 절실해진다.

우리 문학인들은 이러한 여건에서도 대체로 독서에 충실하고 있는데 이는 그의 체험이 작품 창작에서 소재나 주제의 투영에 절대적인 몫을 한다는 점을 유념하는 것 같다. 문인들이 재생하는 체험 중에는 직접체험도 중요하지만, 간접체험 특히 독서에서 얻어지는 지적 자양분은 어디에도 비할 수 없이 작품 속에서 값지게 진가를 발휘하게 된다.

일찍이 데카르트가 말했듯이 좋은 책을 읽는 것은 과거의 가장 뛰어난 사람들과 대화를 나누는 것과 같다는 명언을 인용하지 않더라도 우리는 독서의 효과나 그 필요성은 지성인들뿐만 아니라, 온 국민이 생활화하는 인생의 덕목으로 깊이 간직해야 할 것이다.

언젠가 원로 시인 한 분이 내게 작품을 쓰면서 국어사전을 몇 번 읽었느냐고 물어본 일이 있었다. 나는 대답을 못했다. 한 번도 제대로 읽은 일이 없었기 때문이다. 흔히들 문학에서 말하는 쾌락적인 기능이 전혀 없는 사전을 몇 번씩이나 통독한다는 것은 거의 불가능한 일이다. 그러나 그 후 언어에 대한 고갈에 직면하면서 그분의 말이 옳구나하는 마음으로 변해서 당장 교보문고로 달려가 세 권을 한꺼번에 구입하고 안방과 마루, 심지어 화장실에까지 던져두고 손닿으면 무작위로 읽어서 언어를 보충했는데 지금도 그 방법을 그대로 활용하고 있다.

이처럼 어떤 용도에 따른 적절한 독서가 아니라, 마음의 양식이 되는 독서를 하고 교양을 충만시키는 지식을 확보하는 일들이 습관화해야 우리가 걱정하면서 위기에 직면하고 있는 인문학 곧 문학, 철학, 사학이 제대로 활성화할 수 있을 것이다.

이 가을에는 누구나 시집 한 권씩은 읽어야 한다. 시 한편 한편에서 감응할 수 있는 인생의 가치관이나 존재의 의미를 다시 음미해볼 수 있는 진정한 방향의 메시지가 제시되어 있어서 요즘처럼 을씨년스런 정서의 충전을 위한 한 방편이 되지 않을까 싶다.

(2011. 3. 『대산문화』 겨울호)

글감이 있는 그곳
- 시의 꿈이 영글었던 '황강' 은모래

　서부 경남 오지(奧地) 산촌에서는 가뭄이 극에 달했다. 타들어가는 논바닥을 바라보시던 아버지의 한숨소리가 들렸다. 모내기를 한 지 얼마 지나지 않은 들판이 모두 말라비틀어지고 있었기 때문이다. 도랑물은 마른 지 오래고 저수지도 말랐다.
　태양이 작열하는 산동네에는 한(恨)으로 단련된 주름살이 늘어만 갔다. 나는 고향이 경남 합천이다. 아버지의 한숨소리 사이로 얼비치는 산그림자를 따라 다녔다. 송아지 고삐를 끌고 저녁해가 저물도록 풀밭에서 하늘을 쳐다보는 버릇이 생겼다. 좀 자라서는 꼬부랑 산길을 쫓아 면소재지 학교에 가면 그 옆으로 흐르는 황강의 넉넉한 물길을 따라 다녔다.
　은모래가 반짝였다. 발가벗은 채로 마구 뒹굴었다. 가끔 은어떼 뛰어오른 은빛 물결에 넋을 잃었다. 우리는 씨름을 하다가 지치면 강물 속으로 풍덩 몸을 던져 땀을 식혔다. 이렇게 아름다운 고향이 있었다.

우리 집 뒤에는 대나무숲이 있고 그 뒤에는 동산이 있었다. 그 뒷동산에 올라 마을을 내려다보면 초가지붕마다 피어오르는 저녁연기는 한 폭의 그림이어서 해질녘이면 혼자 앉아서 전원 속에 파묻혀 옹기종기 살아가는 산촌의 정겨운 모습은 바로 나에게서 시로 변하고 있었다.

그러나 아버지가 중환(重患)으로 세상을 떠나고부터 우리집은 삶이 중단되는 고난이 시작되고 나는 진주로 대구로 부산으로 방황을 시작한다. 학업을 포기하고 실의의 나날을 보내던 중 책 몇 권을 챙겨들고 해인사로 튀었다.

여기에서는 대자연의 소리─ 물소리, 새소리, 바람소리, 독경소리 등에서 어떤 깨달음의 정감을 느끼게 되고 인생이란 무엇인가. 삶이란 무엇인가. 아주 고매(高邁)한 의문에 몰입하게 된다.

시를 썼다. 시인이 되어야겠다. 고향의 전원을 소재로 하고 산촌에서 착하게 살아가는 마을 사람들의 심정을 주제로 했다. '바람 부는 날은 흔들리는 풀잎을 닮아 나의 가슴앓이가 시작된다. 하늬바람에도 온몸으로 웅성대던 어릴 적 대숲으로 가보면, 게딱지 초가지붕 위로 너울대던 저녁연기는 따스한 한 폭의 정경으로 채색되어 내가 자라서도 남아있기를 염원하던 동심을 청솔밭에 묻어둔 채 시를 쓰는 일은 조그마한 향수에서 출발한다'고 첫 시집 『서울허수아비의 수화』 후기에서 말했다.

나는 네 번째 시집을 고향 합천 이야기로 묶었다. 시집 『황강』이다. 고향의 풍습과 전설, 자연환경, 추억 등 88편이 담겨졌다. 성춘복 시인은 내 시집 『황강』을 읽고 '인간에겐 생명의 모태로서의 자연, 그리고 궁극적으로는 돌아가야 할 본질적인 장소로 생명의 시원을 나타내고 바로 고향의 의미를 지닌다'는 서평을 해주었다.

허형만 시인도 '자연을 소재로 쓴 향토적 정서의 시가 한국적 전통의 동일성임은 재론의 여지가 없다. 김송배 시인의 고향의식은 단순한 시적 소재에 머무는 것이 아니라 자신의 삶을 지탱하는 정신으로까지 승화하고 있음을 본다.'라는 평문을 써주었다.

아버지와 어머니 그리고 조상들의 유택(幽宅)이 모셔진 고향을 자주 찾지 못했다. 황강 은모래 사장도 많이 변해 있었다. 합천댐을 막아 강물길도 변하고 갈대밭으로 이어졌다. 읍내 바로 옆에 서있는 함벽루에서 가끔 황강을 회상했다. 나는 영원한 전원적 자연 서정시인이기를 염원하면서….

    댐 막아 사는 일들이 편리해졌다만
    동네 꼬맹이들과 함께 헤엄치던
    모래밭엔 무성한 갈대로 뒤덮혔다

    은모래 보이지 않고
    은어떼는 왔다가 갔는지

한 나그네가 떠듬거린다

다시 황강에 와서
너의 품에 안기려 하노니
맑은 시혼은 예대로 남았는가

이젠 반백(半白)의 회상이
흘러흘러 아득한 꿈길로
함벽루 물길에서 영혼을 만나고 있느니.
- 「다시 황강에 와서」 전문

   내 고향 합천에서는 남명 조식, 정인홍 등 명유(名儒)의 선비들이 많이 탄생한 고장이다. 함벽루에는 퇴계 이황, 우암 송시열 등 시인 묵객들이 풍유를 즐긴 곳으로 유명하다. 팔작지붕 목조와가로 누각 처마의 물이 황강으로 떨어지는 장관(壯觀)은 시의 물결로 지금도 출렁이고 있다. 나는 그곳에 묻히고 싶다.

(『문학의 집·서울』 제165호 게재)

책 부자의 부러움

　옛말에 남아수독오거서(男兒須讀五車書)라고 해서 남자는 모름지기 다섯 수레의 책을 읽어야 한다고 했다. 그만큼 많은 책을 읽어서 보편적인 교양과 상식은 물론이려니와 전문적인 지식도 비축해 두어야 비로소 인간다운 인격체가 완성된다는 교훈이다.
　어릴 적에 큰댁에 할아버지가 거처하는 사랑방에 가보면 책이 가득 쌓인 책장과 머리맡 책상에서 수시로 펼쳐지는 책을 보고 나도 커면 저만큼의 책을 읽어야 되겠다는 꿈을 항상 되새기면서 자랐다.
　할아버지는 농번기를 제외하고는 매일 새벽에 사촌, 육촌형들을 불러서 「천자문(千字文)」 비롯해서 「동몽선습(童蒙先習)」과 「명심보감(明心寶鑑)」을 가르쳐주는, 집안 자녀들의 교육에도 세심한 배려를 한 덕분에 지금 나도 내 또래들에 비추어 한자를 많이 알고 있다는 자부심을 갖고 있다.

또한 이러한 가정의 한자교육에는 비단 한자글을 익히는 것
만 아니라, 그 내용에 포괄된 의미를 배우고 다시 해석함으로
써 인간의 도리, 즉 인격적인 성숙을 통해서 사회적, 인간적인
윤리와 도덕을 실천하는 계기가 마련되기도 했다. 이와 같이
사소한 독서의 시작이 지금 내가 문학을 공부하고 시를 창작하
는 출발점이 되었으며 얼마나 다양한 소재와 주제를 투영할 수
있는지 생각만 해도 인생의 전환점이라는 명제를 완성하려는
의지에 넘치고 있다.

이처럼 책과의 교감은 나의 문학을 위해서도 깊은 관련이 있
어서 더욱 책에 대한 관심과 애정을 가지게 하는데 몇 년 전까
지만 해도 짬만 나면 서점에 들러서 책을 구입하는 습관이 생
기기도 했다. 비록 그때는 생존에 바빠서 금방 읽지 못하더라
도 언젠가 정년퇴직 후 시간의 여유를 갖게 되면 모조리 다 읽
을 것이라는 집념으로 나의 서가에는 책들이 쌓이기 시작했다.

나의 소년기에는 사실 책 한 권 제대로 사서 볼 가정형편이
되지 못했다. 고등학교에 다니는 사촌형에게 읽고 난 책을 얻
어서 읽을 정도로 집안이 궁핍했던 경험도 그 후에 책을 구입
하는 버릇으로 변한 것이 아닌가 싶기도 하다. 돈보다는 책이
더 많아야 한다는 어린 심중(心中)이 지금의 지적인 영양분의
흡수에 작용을 해서 작품의 주제에 형상화하고 있는 것이다.

나의 서가에는 아직 분류되지 못한 책들이 무질서하게 나의
시선과 손길을 기다리고 있다. 우선 창작에 필요한 책만 선별

해서 책상과 가장 가까운 곳에서 나를 만나고 있었으나 일반교양과 선각자나 선지자들이 펼친 지성의 깊은 서적들은 아직도 서가 한쪽에 장식품처럼 웅크리고 나를 기다리고 있다.

한편 내가 이제는 등단 30년을 맞이하여 집필자의 위치에 서면서 시집 9권과 수필집 4권, 평론집 4권, 시창작교재 2권 등 무려 20권의 책을 발행하는 동안 많은 시집과 소설, 수필, 아동물 등 하루에 몇 권씩 우편으로 책을 받아본다. 그리고 정기적으로 발행하는 월간, 계간 문학지들이 쏟아져서 좁은 단독주택에 쌓아둘 공간이 모자란다는 어려움도 있다.

어떤 집이나 사무실을 방문했을 때 그의 책장에 책이 가득 차 있으면 어쩐지 넉넉한 정감을 느끼게 되는데 이는 그 사람이 지적 창고에 보관된 지식이나 교양의 척도를 예감할 수 있다는 안도감이 있어서일 것이다. 그런 사람은 부럽기도 하다. 서가에 가득한 책뿐만 아니라 그런 여유를 가지고 독서를 하면서 한생을 살아갈 수 있다는 것은 분명히 행복한 사람이다.

나는 지금도 시창작 수강생들에게 나의 경험을 통한 책 읽기를 권장하고 있다. 창작을 위한 사유의 확대를 위해서 꼭 읽어야 한다는 말을 덧붙여서. 그것은 구약성서의 창세기와 싯다르다, 그리스 로마의 신화 그리고 삼국유사를 권한다. 거기에는 우리가 상상할 수 있는 모든 사유의 행방이 집약되어 있다. 물론 고전을 읽는 것도 도움이 된다. 우리의 고전은 대체로 한자로 되어 있어서 요즘 같아서는 한자공부를 충분히 하지 않으면 읽고 의미를 숙지하게엔 무리가 있을 수 있다.

  일찍이 책이 없는 공허는 영혼이 없는 관계와 같다는 키케로나 책에는 모든 과거의 영혼이 가로 누워 있다는 칼라일의 명언을 인용하지 않더라도 책과 독서의 중요성은 인생의 가치 확인이나 존재의 성찰 그리고 만유(萬有) 자연 철리의 긍정을 위해서도 서가에는 항상 책이 넘쳐나야 하리라. 그리하여 모두가 부러워하는 책 부자가 되리라.

                                     (2012. 2.『한국수필』-「책이 있는 풍경」)

해인사 숲속에 누워

　오래전 군복무를 마치고 아늑한 고향 산골에서 그동안 군생활의 피로를 풀 겸 한가한 시간을 보낸 적이 있었다. 문만 열면 앞뒷산이 반겨주는 지독한 산촌에서 심신을 재충전했던 시간은 일생동안 잊을 수 없는 전원생활의 체험이었다.
　산촌에서 태어나서 그곳에서 자라고 학교를 다녔지만, 이곳이 정녕 내 고향이며 내가 성장하여 영원히 뼈를 묻어야 하는 보금자리라는 생각을 떨치지 못한 채 농삿일을 거들면서 농군을 자청하기도 했다.
　그러나 군대를 제대하고 귀향했을 때 그만큼 장성한 육체와 더불어 정신도 변하고 있음을 실감하게 되었다. 도시의 화려한 생활에의 동경이었다. 사유에 혼란이 오기 시작했다. 이를 좀 더 진지하게 생각해보자는 어른스런 화두가 날마다 괴롭혔다.
　평소에 아껴서 읽던 책 몇 권을 챙겨들고 해인사로 가서 얼마간 머물렀다. 당시 여기에는 고시 준비생, 질병 치료차 요양하는 사람들을 위해서 암자를 소정의 절차를 거치면 며칠 동안 빌려서 사용할 수가 있었다.

새벽 염불이 끝나면 하루 종일 화두를 풀어내는 스님들처럼 면벽을 하거나 암자 옆으로 흐르는 개울물 소리를 듣는 일로 소일하고 있었다. 염불 소리와 개울물 소리에 밤잠을 설치는 일이 매일 발생했다. 이를 수용 못하는 번뇌가 아직도 이 영육을 감싸고 있구나하는 성찰의 소망만이 뇌리에 가득 차 있었다.

하루는 개울가 바위에 벌렁 누웠다. 울창한 삼림 속에 속세를 뉘었다. 싱그러운 숲의 내음에 취해서 심호흡을 하면서 빼꼼히 열려있는 파아란 하늘에 보이지 않는 커다란 소망을 띄워 보내는 여린 심사(心思)를 만끽하고 있었다.

아침 산사 주련에서 본 글귀(文句)가 기억났다. '靜聽魚讀月' - 무슨 뜻일까. 글자대로 하면 물고기가 달밤을 읽는다는 정도인데 스님의 해석은 시 문장이었다. 고요함에서 물고기가 읽는 달의 소리를 듣는다는 것이다. 나도 이 깊은 숲속에서 물고기의 명민한 청력을 감응해봐야지.

그 후 어느 가을날, 해인사 그 숲을 다시 찾았다. 심산유곡(深山幽谷) 계곡에 누워서 옛날에 썼던 시 한 편을 읽었다. 그러나 아직도 그 숲에 길게 누워서 번뇌를 앓고 있다.

　　가을 山寺에 후줄근히 비가 내린다

아침나절에 뒹굴던 나뭇잎
뚫린 가슴팍에 날아와
오늘의 말씀들을 버리기 위하여
젖은 채로 안개 속을 떠다니고
굵은 빗방울이 인경을 깨워도
날지 못하는 꿈
낡은 꿈으로만 남아 있으리라
아, 걷어내지 못한 粉塵의 아픔
일백여덟을 헤아리지 못한
검은 구름은 밀려오는데
두 손 모두운 합장
그래도 모자라는 눈물처럼
늦가을 산사에 비는 내리고
지친 꿈속을 허우적이는 나뭇잎 몇 개
숲의 언어로 뒹굴고 있었다.
  -「가을 산사에서」전문

그 후 합천문인협회(초대회장 윤한무) 창립에 기여하고 합천문협 초대 문학강연이 있은 후 해인사를 방문할 기회가 있었다. 야로파출소 소장으로 있던 김원욱 시인의 안내로 해인사 경내, 대적광전과 팔만대장경, 성철스님의 거처였던 '퇴설당'을 돌아보고 온 적이 있었다.

나는 다시 고향 합천의 풍물 등을 탐구하는 시집『黃江』을 펴내고 해인사를 또 한번 불러내어 교감하는 작품「黃江·20 - 해인사에서」를 수록하였다. 먼 옛날 홍류동 계곡 숲속에 누워서 흥얼거리던 독백의 언어와는 약간 불교의 진리에 접근하려는 심정이 엿보이고 있었다.

> 분명히 이승이다, 아름드리
> 길목 잣나무 잔잔한 회상
> 지금도 멈추지 못하는
> 홍류동(紅流洞) 계곡 물소리
> 어쩌면 우리 사랑을 잊어버린
> 날들이 한꺼번에 씻겨지는
> 은은한 숲 내음
> 그대여, 오늘은 목탁소리 귀기울이다가
> 가야천 드리운 나뭇잎 하나
> 둥둥 떠내려 보내지만
> 묵은 텃밭에 웃자란 잡풀 뜯어내어
> 고뇌와 묶어 흘려보낼 수야 있을까마는
> 삐리삐리 삐리리 산새 울음
> 젖은 가슴 속 회오리치면
> 그대여, 절반쯤은 극락이다
> 일주문 지나 봉황문 홍하문 해탈문 안으로
> 대적광전 큰 부처님 환한 미소
> 오오, 나무관세음보살…
> 가야산 먼 흰 구름 한 점은.

산촌에서 들리는 산바람, 물소리

　요즘은 무시로 서울 근교의 운치 있는 곳을 찾아 가볍게 등산을 한다. 불광동 독바위 쪽에서 북한산을 오르다가 잠시 땀을 훔치면서 쉬고 있었다. 싱그러운 자연에 취해서 심호흡을 하고 오묘한 산세에 넋을 잃고 있을 때 계곡 쪽에서 귀에 익은 듯한 한 자락의 노랫소리가 들렸다.

　　저 산은 내게 우지마라
　　우지마라 하고
　　발아래 젖은 계곡 첩첩산중
　　저 산은 내게 잊으라
　　잊어버리라 하고
　　내 가슴을 쓸어 내리네
　　아 그러나 한 줄기
　　바람처럼 살다가고파

이 산 저 산 눈물
구름 몰고 다니는
떠도는 바람처럼
저 산은 내게 내려가라
내려가라 하네
지친 내 어깨를 떠미네
아 그러나 한 줄기
바람처럼 살다가고파
이 산 저 산 눈물
구름 몰고 다니는
떠도는 바람처럼
저 산은 내게 내려가라
내려가라 하네
지친 내 어깨를 떠미네.

 넋을 놓고 경청하는 나에게 누군가가 "양희은 가수의 한계령, 좋아하나 봐요?" 홀로 수줍은 듯 나무숲에 숨어서 들려주는 구성진 한의 소리. 이 절창은 언제 들어보았던 선율인가. 산행을 중단하고 그의 곁으로 다가갔다. 때마침 산바람이 목덜미를 시원하게 적시고 지나가고 있다.
 나는 산촌에서 자라면서 전원생활의 안온함에서 체질화한 자연 친화에서 마주하는 산바람이나 물소리는 언제나 나의 시적 발상이나 동기가 되어서 자연 서정시의 근원이 되고 있어서 서정적인 자아 찾기에도 크게 영향을 미치고 있는 것이다.

이처럼 산행을 하면서 만나는 산바람과 물소리는 심신의 단련뿐만 아니라, 정서적으로 어떤 안정감을 느낄 수 있다는 정감으로 틈만 나면 등산을 하게 된다. 오늘 여기에서 듣는 양희은 가수의 애끓는 '한계령' 노랫소리와 바람소리, 물소리가 삼중주로 흐뭇하면서도 유익한 산촌의 교감이 아니었나 심호흡을 하게 된다.
　나는 유년시절에도 산촌의 밤을 흔드는 소리들에 익숙해져 있었다. 봄에는 개구리 소리, 여름에는 매미 소리, 가을에는 귀뚜라미 소리 그리고 겨울에는 북풍한설이 몰아치는 밤 문풍지 소리들이 재생되어 상상의 나래는 시간을 거슬러 올라가고 있었다.

　　언젠가 들은 듯 귀에 익었다
　　산촌의 밤을 몰래 흔들면서
　　길게 전율하는 신음이었다가
　　불면의 첫사랑이 꿈으로 보내 온
　　유혹이듯 설레임이었다
　　그것은 어느 소년의 노래였다
　　실버들 낭창낭창 춤추게 하고
　　이따금씩 산새들 합주가 시작되면
　　가녀린 사랑의 선율로 들린다
　　밤마다 깨운 적막은 켜켜이 쌓여
　　아직도 풀지 못한 그리움 한 자락
　　멀리서 전해주는 귀에 익은 목소리

그것은 차라리 동심을 풀어 흘려보내는
순하디 순한 흐느낌이었다
어디에선가 낯이 익은 듯
빛바랜 시간의 여백에서
온몸 적신 채 투명한 연가가 들린다.
- 「물 詩·41 - 물소리」 전문

이제 그 산촌의 밤에 들리던 물소리는 시간의 여백에서 표백되고 있다. 귀에 익고 낯이 익은 모든 것들은 하나씩 지워지고 있다. 어느 소년의 설레임과 순하디 순한 흐느낌은 동화이거나 전설로 남으려 한다.

아직도 내 가슴속에서 떠나지 않는 그 소리를 듣기 위해 심산계곡을 찾는가보다. 불면으로 뒤척이던 첫사랑의 유혹은 지금까지도 내 곁에서 한 자락 그리움으로 남아 있다. 다시 양희은의 한계령, '아 그러나 한 줄기/ 바람처럼 살다가고파'를 목청껏 불러봐야 하겠다.

(윤재천 선생의 『현대수필』에 특집 수록)

왜, 하필 또 바람인가

　얼마 전 제13시집 『바람과의 동행』을 출간했다. 시집을 받아본 동료가 "하필, 어찌하여 또 바람인가?" 의미심장한 질문을 던진다. 이 '하필'이나 '어찌하여' 등의 어구(語句)는 문법상 부사(副詞)로서 왜, '또'라는 말로 그 이유를 묻는 경우의 질문이다. 나는 왜 '바람'을 작품에 자주 등장하여 그 의미를 탐구하는 것일까.
　나는 『심상』지 등단 작품이 「바람」 외 2편으로 그동안 많은 이미지를 탐구해왔다. 바람은 기압의 차이에 따라서 일어나는 공기의 흐름을 말하는데 계절에 따라서 혹은 장소 또는 방향에 따라서 그 이름도 다양하게 불려져서 바람이 제공하는 이미지는 무궁무진하게 우리 인간들과 상관성을 갖는다.

　멀리서 쓰러진다

누군가 마른 풀씨만 씹다가
썩지 않은 마음 한쪽 남겨놓고
한생의 幕을 내리는가
하늘이 엷게 흔들린다
흔들리는 저 언저리
시린 시야 밖으로
돌아가 눕는 저녁 새떼
바람만
빗살고운 무늬로 어른거린다
오늘밤
귀에 젖은 물소리는
밤의 중심으로 흐르고
홀로 잠들지 못하는 섬 하나
거기에 나는
그리움처럼 남아있다.
　　　　　　　　－「바람」 전문

　이 바람은 흔들리는 이미지와 동시에 형체도 없이 묵시적으로 무엇을 제시하는 안내자이기도 했다. 바람 부는 대로 운명을 맡긴다는 속언(俗言)과 같이 아무도 예측할 수 없는 나의 운명 같기도 해서 약간 측은한 정감이 엄습했다.
　그 당시에 이 작품을 완성하기 위해서 대학노트에 빼곡이 메모되어 있는 바람에 관한 글들은 다채롭다. 먼저 계절풍, 춘하추동 사계절에 따라서 부는 바람, 봄바람(春風), 꽃샘바람, 산들바람, 건들바람, 찬바람(寒風), 삭풍(朔風), 북풍 등등. 바람 부는 방향에 따라서는 높새바람(북동풍), 마파람(남풍), 하늬바람(서풍)이 있고 그 강도(强度)나 장소에 따라서 폭풍, 미풍, 강풍, 태풍, 해풍, 돌개바람(회오리바람) 등등으로서 바람에 대한 정의를 내리기에는 매우 어렵고 바람이 갖는 이미지나 상징은 다양하게 나타나서 갈피를 못 잡고 헤맨 적이 있었다.

남영신 교수의 『우리말 분류사전』(한강문화사)에 의하면 '바람' 항목이 무려 86개의 호칭으로 불러지고 있으나 눈에 익은 명칭이 있고 생소한 이름도 많아서 나는 이 외의 많은 단어를 이 사전을 참고해서 작품을 정리하는 경우가 많았다.

이 밖에도 바람이 갖는 재미있는 상징적인 비유가 있었다. 간추려보면 약간 외해적인 언어로 미풍양속에 어긋나기도 했다.

- 바람둥이: 바람쟁이(風客), 바람을 피우고 다니는 사람
- 늦바람: 늦게, 늙은이가 바람이 나다
- 바람끼: 들뜬 마음
- 치맛바람: 여자의 드세거나 극성스러운 활동.
- 바람몰이: 어떤 일에 분위기를 선동하는 일.
- 바람잡이: 허황한 짓을 꾀하는 사람.
- 바람맞다: 남에게 허황된 일을 당하거나 속았다.
- 바람나다: 이성관계로 마음이 들뜨다.
- 바람 들다: 무가 푸석푸석 바람이 들다. 다 되어가는 일에 탈이 생기다.
- 바람피우다: 한 이성에 만족하지 못하고 몰래 다른 이성과 관계를 가지다.

이러저러한 사연으로 바람에 대한 시를 많이 썼다. 「바람사계」 「꽃샘바람」 「바람과의 동행」 「바람의 편린」 등에서 나의 진솔한 자화상이거나 당시의 애절한 심정들이 형상화하고 있었다.

    한강 선유도엘 갔다
    가볍게 산책을 할 요량으로
    바람과 구름과 동행했다
    입구 화단에서 만난 꽃
    늦가을 햇살에 대궁만 흔들리고 있다
    이제 벌 나비도 제집으로 돌아갔는지
    형체도 그 소리도 사라졌다
    윙윙거리며 채취하면서 남겨진
    화분(花粉)으로 씨앗들이 여물어 가는데
    아무도 예전의 희로애락을 생각지 않는다

    아늑하게 흐르는 한강물이
    오늘은 어쩐지 더욱 한가롭다
    문득, 옛말 무자서(無字書)가 생각났다
    보이는 부분은 선명한데
    지워져 숨겨진 뒷모습은 알 수가 없다
    그러나 그것을 읽어내는 것이 시다
    한강 물구비와 선유도 바람이 어우러지는 숲에서는
    가을나무들이 단풍잎 팻말을 들고 섰다
    누구도 눈치 채지 못한 저 글귀

저승과 이승의 갈림길을 안내하고 있었다.
- 「바람과의 동행」 전문

지난해에는 한국시인협회에서 매년 발행하는 연간 사화집에 주제를 자화상으로 해서 회원들에게 작품을 청탁하여 여기에 「바람의 편린」을 발표한 바도 있었다.

나는 본래 바람이었다
정처 없이 불어다니는 무숙자(無宿者)
언제나 별빛 한 줄기에도
흔들리며 눈물짓는 허수아비였지
나는 사랑도 모르고 그냥 내달리는 논펄에서
어눌한 한 줄기 가난의 생명줄만
겨우 영위하던 방랑자의 후예
누구나 밝은 태양을 기원하지만
후줄근한 몰골에서 풍기는 절망의 눈빛은
지금도 하염없이 밀려다니는 바람
갈피를 잡지 못하는 내 자화상은
언제쯤 어디에서 안착(安着)할 수 있을까
착목(着目)하는 사물마다 사람 냄새가
물씬 내뿜는 그런 세상에 살고 싶다
나는 아직도 어쩔 수 없는 바람이다.
- (2018. 한국시인협회 사화집)

고향을 꿈꾸며

펑펑 눈물 같은 나의 시가 쏟아진다

참꽃 피는 삼월 삼짇날
우리 형수 화전놀이 갈 적에는
쿵다닥 쿵닥 너의 장단만큼
내 가슴도 술렁거렸지

산속 홀로이
무슨 애타는 사연 아름으로 엮어
천 년을 울고 있는 그대여
먼 역사의 축을 굴리며
벼랑에 걸려있는 나의 눈시울

그대가 바람으로 잠들 수 없을 때
내가 감싸안을 가슴은 비어 있었다
낙차(落差)의 물보라
다만 여울진 무지개는

자연정(紫煙亭) 햇살에 묻어둔 채
밤이면 펑펑펑

쏟을꺼나 슬픈 나의 시 한 소절.

*황계폭포: 합천군 용주면 황계리에 소재한 폭포. 합천 10경의 하나.
*자연정: 폭포 아래에 위치한 시인묵객들의 쉼터.
- 「黃江·21 - 황계폭포에서」 전문

    나는 합천군 용주면 공암리 음실골짝에서 빈농(貧農)의 아들로 자랐다. 초등학교에 입학 후 얼마 지나지 않아서 6·25라는 민족적 비극이 터져서 국가가 풍비박산이 되고 유교적인 예절과 풍습들이 잠시 혼란을 맞았으나 큰댁 사랑방 할아버지 곁에 쌓인 문집들과 한문 서적들을 모두 읽어보지 못한 아쉬움이 지금도 심저(心底)에서 맴돌고 있었다.
    아버지가 중병(重病)으로 별세하시자 가정은 고난의 연속이어서 가정과 고향을 버리고 객지로 떠나 고학과 독학으로 학업을 이어갔으나 생활영위가 위협해지면서 직업전선에서 전전하다가 육군을 제대하고 나서 못다 한 한문공부와 문학공부를 독학으로 열중하던 중 나의 졸작이 중앙문단의 박목월 시인이 주관한 시전문지 『心象』지에 신인상으로 당선(심사 황금찬, 김광림 시인)하여 시인의 길을 걷게 되었다.
    내가 발상하는 작품의 동기는 언제나 불망(不忘)의 고향에 대한 아련한 향수에서 출발하고 있었다. 고향 산촌의 아름다운 정경이나 옹기종기 모여 사는 동네 초가집 이웃들과의 정들이 항상 시의 모태가 되고 거기에서 전원적인, 친자연적인, 정감적 이미지들을 창출하는 향토시인으로 출발하였다.

그것은 조상 대대로 삶을 이어온 고향. 거기에는 조상들과 부모가 묻힌 선영이 있어서 나의 뿌리는 용주면 음실골짝이라는 상념을 지울 수가 없었다. 옛 고시(古詩)에 '거두망산월(擧頭望山月) 저두사고향(低頭思故鄕)'이라 해서 고개 들면 저 산위의 달이 높이 떠있고 머리를 숙이면 불현듯 고향이 생각난다는 구절이 객창(客窓)에서 잠들지 못하는 나의 심정을 요동치게 하였다.

나는 열심히 시를 써서 발표하였다. 시집을 열세 권이나 발간하고 문학상도 받고 나처럼 정규 대학문창과에서 시를 배우지 못한 사람들에게 시를 함께 공부하고 토론도 하는 한국문단의 중진으로 성장하게 되었다.

이처럼 작품 중에서도 고향을 잊지 못한 작품들을 모아 시집 『黃江』을 출간하기도 했다. 여기에는 고향의 자연과 환경 그리고 소박한 풍물과 인정 등 세세한 부분까지도 응축하여 100여 편의 작품을 완성하였으나 아직도 미흡한 대목이 많이 발견되어서 앞으로 기회가 되면 보완할 계획을 가지고 있다.

위의 작품 「황계폭포」는 어릴 적 소풍이나 놀이로 많이 드나들면서 정이 들었던 고향 명승지이다. 그때 펑펑 쏟아지는 물줄기가 어쩌면 가난한 자의 울분 같기도 하고 눈물 같기도 한 당시 나의 심경이 용해되는 시적인 근원으로 변하지 않는 발원지가 되고 있어서 영원한 그리움의 상징으로 남아 있다.

한편 황강을 막아 합천댐을 준공하면서 댐 건설을 기념 시비(詩碑)를 제작하여 영원히 기리기 위해서 기념 찬양시를 의뢰해 와서 정성껏 창작해 보냈으나 예산부족을 이유로 채택되지 못하는 실망도 감수해야 했다. 언젠가 댐을 지나가다가 보았더니 높이 솟은 이상한 조형물이 기념물로 서 있어서 조금은 실망스러운 생각도 들었다.

또한 푸른 황강물 곁으로 질펀하게 깔린 은모래에서 책보따리를 팽개친 채 해지는 줄 모르고 씨름이며 술래잡기, 은어 물고기 잡기 등 유년시절의 추억이 깔린 그 옆, 면소재지와 나의 초등학교가 있었다. 거기에서 나의 꿈은 영글었지만 가난이라는 운명으로 한평생을 고난 속에 살았으나 지금은 그래도 먹고 살만한 여건이 조성되어 그 당시의 아픔을 되새기면서 그때 내 또래의 재학생들에게 조그마한 도움을 주고자 얼마간의 장학기금을 기탁하였다. 물론 교감선생님과 애들의 감사의 글을 받고 흐뭇해한 일도 기억에 남는다.

나는 평생을 애향(愛鄕) 시인으로 남을 것이다. 어려웠던 조상들의 삶과 아름다운 풍습을 반추하면서 정감 넘치는 시를 쓰고 싶다. 그리하여 내 고향 용주와 합천의 전통문화를 길이 보존하고 싶다. 그리고 영원한 시인의 이름으로 음실골짝에 묻히고 싶다.

(2022. 10. 용주면지)

'물멍'에 대한 변명

요즈음 어떤 한 사물이나 행위를 응시하면서 넋을 잃고 멍하게 바라보는 것 앞에 '멍'이라는 형용사를 갖다 붙여서 '물멍'이니 '불멍', '산멍', '달멍', '별멍', '풀멍' 멍하게 또는 멍청하게 바라보는 습성이 생겨났다. 얼마 전까지는 일부 식자(識者)들이 관조(觀照)라는 말로 상당히 차원 높은 언어로 통용했었다.

이 관조는 고요한 마음을 가다듬어 사물이나 현상을 관찰하면서 새로운 무엇을 발견하기 위해서 멍하게 바라보는 일이 많았다. 국어사전에서 이 관조는 사물의 현상이나 자태를 비추어 봄으로써 참된 지혜의 힘으로 사물의 이치를 통찰하게 되고 여기에서 미(美)를 직접 인식하게 되는 계기와 심경(心境)을 말하고 있다.

나는 어릴적 산촌에서 자라면서 마을 앞을 흐르는 개울(도랑)에서 많이 놀았다. 이 도랑물은 논에 물을 대기 위해서 만든

보(洑)를 만들어 물이 차오르면 어린애들이 발가벗고 멱을 감거나 낚시로 피라미를 낚아 올리면서 엄마가 밥 먹으러 오라고 소리칠 때까지 저물도록 물에서 놀았던 기억이 생생하다.

한편 가뭄을 이기고 모내기를 원활하게 하기 위해서 산골물을 막아서 저수지를 만들어서 농삿일에 도움을 주었다. 나는 이 저수지에서도 헤엄을 치거나 낚시를 하면서 물멍에 빠진 일이 많아졌다. 가끔 흘러가는 흰구름을 응시한 적도 있지만 물속에 비친 구름은 신선들이 노니는 별천지로 착각하기도 했다.

그곳에서 바라보았던 물멍은 물에 대한 야릇한 심사(心思)가 요동치기 시작했는데 물에 대한 진지한 사유(思惟)는 산골짝에서 소가 풀을 뜯고 난 뒤에 찾는 계곡물이 흐르는 곳의 발원지 옹달샘이었다. 이 옹달샘의 샘물이 보글보글 솟는 모습은 한 생명이 태어나는 신비의 정경이었다.

이 옹달샘물이 좁은 계곡을 지나 개울을 흘러 강물이 되고 결국 바다로 흘러들어가 대양(大洋)의 원대한 꿈이 이루어지는 상상에서 물의 이미지나 의미를 더욱 심도(深度)있게 추적하는 버릇이 생겼다. 오래전에 「물의 말」이라는 시 한 편을 썼다.

    머물고 싶다 하얗게 부서지는
    시간을 붙안고 그냥 기도로 남고 싶다

    깊은 산골짝
    산새 울음에 묻히려니

그러나
곱게 자란 순이의 시집가는 모습으로
눈물 되어 떠나야 하는
어쩌면 세월처럼 흘러흘러
이젠 소금기에 절여진 내 육신이
모래펄에 버려지느니

다시 돌아가고 싶다
비워진 마음으로
마알간 속살로 그냥 남고 싶다.

 이웃 마을에는 유명한 명승지 황계폭포가 절경을 이루고 있다. 봄이면 동네 아낙들이 화전놀이를 하고 군내(郡內) 학생들이 소풍을 즐기던 곳인데 사시사철 물이 마르는 일이 없었다. 이 폭포수가 흘러 동내(洞內) 도랑물과 합쳐져서 황강(黃江)에 이른다. 여기는 쪼무래기들이 모여 글을 공부하고 운동장에 맘껏 뛰놀던 초등학교가 자리 잡은 면소재지이다. 우리들은 하교(下校)하면 강가 모래밭에서 씨름을 하거나 놀이를 하다가 땀이 나면 그냥 황강물에 풍덩 몸을 던지고 때로는 은어(銀魚)를 잡던 추억이 내가 집요하게 추적하면서 창작한 시집이 『물의 언어학』이다
 당시 나는 노자(老子)의 상선약수(上善若水)에 심취해 있었다. 물이 이 세상에서 가장 중요한 것이라는 노자의 교훈, 그중에서도 수유칠덕(水有七德)은 우리 인간들이 살아가는데 필요한 덕목, 그것도 일곱 가지 물이 가진 덕목이었다. '낮은 곳을 찾아

흐르는 謙遜(겸손), 막히면 돌아갈 줄 아는 智慧(지혜), 구정물도 받아주는 包容力(포용력), 어떤 그릇에나 담기는 融通性(융통성), 바위도 뚫는 끈기와 忍耐(인내), 장엄한 폭포처럼 투신하는 勇氣(용기), 유유히 흘러 바다를 이루는 大義(대의)'로써 물에 대한 많은 교시(敎示)를 들려주고 있었기 때문이다.

> 물의 진리는 오묘하다
> 물은 생명수요, 활력의 원천이다
> 물이 포괄하는 진실은
> 우리 인간들과 만유(萬有)의 자연들에게서
> 생사의 한계를 결정하는 신의 선물이다
> 시간과 공간의 변화에 따라서
> 물도 그 흐름이나 목적지까지 도착하는
> 유형이 다르고
> 생멸(生滅)의 구분도 달라지지만
> 물은 언제나 나에게 안온한 시혼을 안겨준다
> 물의 탄생은 곧 나의 출생과 동일한 맥락으로 보았다
> 그 행로도 나의 삶의 궤적(軌跡)과 비슷하다.
> — 시집 『물의 언어학』 「시인의 말」 중에서

그리하여 '물 시(詩)'를 91편이나 썼다. 물이 간직한 내면의 진실을 잘 이해할 수 없으나 외형(外形)으로 보여주는 풍광이나 정경들은 무한대의 이미지를 제공하고 있어서 앞으로도 틈만 나면 '물멍'을 통해서 또 다른 인생관을 정립하거나 새로운 인

생철학까지도 창출할 수 있지 않을까 싶다.

  그렇다. 심산유곡(深山幽谷)에서 발원한 옹달샘과 계곡 그리고 실개천, 냇물, 웅덩이, 저수지, 늪, 댐, 마지막 바다는 어떠한가. 모두가 생명을 위해서 흐르고, 스미고, 적시고, 삼키고, 날아 흩어지고 다시 비가 되고 눈이 되는 변화무쌍(變化無雙)의 자연 섭리가 여기 물에서 생성하지 않는가. 다시 물과 생명이 연관된 소재를 찾고 거기에 진정한 인간들의 가치관을 투영하는 작업은 계속될 것이다.

    찰랑찰랑하던 물이 갑자기 잠잠해질 때
    무의미가 넘실거리네
    졸졸졸 흐르던 물소리 들리지 않을 때
    환청(幻聽) 속 이미지가 풀풀 넘치네
    가끔 구름 한 무리 물위에 떠 있고
    밤이면 무수한 별들이 노니는 곳
    물벌레 화음들이 물거품으로 일렁일 때
    여기는 생명이 영롱한 낙원인가
    아, 사계절로 변하는 그 생명의 의미
    그것은 이 세상 만유(萬有)의 시학이다
    만물이 함께 동화(同化)하는 영혼의 창
    순정한 묵언(默言)으로 떠가는 눈짓은
    허다하게 잊고 또 잊어버린 사랑인가
    개울물이 흘러 바다로 가는
    이 웅대한 우주의 암시(暗示)이다.
                       - 「물의 시학」 전문

물은 이미지의 보고(寶庫)였다
- 가스통 바슐라르의 『물과 꿈』을 읽고

　시를 쓰면서 어떤 사물에서 이미지를 추출하는 것은 필수적이다. 그 사물에 대한 인상이 나의 체험과 지향적 사유와 동시에 충돌할 때 일어나는 영감이 대체로 시로 형상화하는 경우가 많기 때문이다. 어릴 적에 앞개울에서 여름에는 물장구를 치고 겨울에는 썰매를 타며 놀았다. 그러나 개울가에서 흔들리는 봄 버들개지들 새 생명의 탄생에 신비함을 느꼈고 가을 낙엽이 물에 떠내려가는 것을 보면서 어쩐지 눈물이 핑 도는 것을 느꼈다. 그러나 어느 여름에는 홍수가 나서 개울과 들판을 휩쓸어 동네 사람들이 뒷산으로 대피하는 공포의 물을 보았다.
　그 후 성인이 되어 '물이 선하다는 것은 만물을 이롭게 하고 다투지 않으며 만인이 싫어하는 곳에 처하기 때문이다.(水善利萬物而不爭 居衆人之所惡)'라는 노자 사상의 중심주제인 상선약수(上善若水)

를 대하게 된다. 단순히 우리들 생명을 다스리고 생활을 편하게 해주는 물인 줄로만 알았는데 이처럼 오묘한 진리가 있었구나 싶어서 물에 매혹되고 물에 관한 이미지 추출에 골몰하게 되었다.

노자의 물이 도(道)와 덕(德)에 관한 경전이라면 가스통 바슐라르의 『물과 꿈』(이가림 역)은 시인들이 창출하려는 이미지의 보고라고 할 수 있다. 이는 그의 언지대로 인간의 힘과 일치하는 보다 항구적인 원소로서의 물의 실체적 이미지를 연구하여 물의 '물질적 상상력'의 심리학을 이룰 것임에 이의가 없다.

그의 상상력과 물질에 분류되는 물은 맑은 물, 봄의 물과 흐르는 물, 깊은 물, 잠자는 물, 죽은 물, 무거운 물, 복합적인 물, 모성적인 물과 여성적인 물, 부드러운 물, 난폭한 물 그리고 물의 모랄과 물의 말에 대해서 기술하고 있다. 얼핏 생각되는 이미지로는 맑은 물과 죽은 물(폐수)로 대별하여 시간과 공간 개념을 융합시켜 형상화하는 경향이 많은 데 바슐라르는 이처럼 세분화해서 이미지를 풀어내고 있다.

그가 '물과 꿈'이라는 복합적 상상력으로 물의 이미지를 설명한 것은 그의 화려한 경력과도 무관하지 않다. 프랑스에서는 '시인 가운데 가장 훌륭한 철학자'라며, '철학자 가운데 가장 훌륭한 시인'이라는 독특한 칭호가 붙어 다닌다고 한다. 한 작은 마을에서 태어나 가정의 어려움으로 인해 독학으로 수학과 물리학 학사학위를 받고 동시에 철학교수 자격을 얻게 된다.

그는 계속해서 학구열을 발휘해서 소르본느대학에서 「근사적

인식에 관한 시론」으로 문학박사 학위를 받았다. 그의 학문은 비교적 늦게 시작되었으나 저작활동은 대단히 활발하여 『불의 정신분석』, 『공기와 꿈』, 『물과 꿈』, 『공간의 시학』, 『몽상의 시학』, 『촛불의 미학』 등의 저서를 출간함으로써 문학, 철학, 사상 등에 많은 영향을 미치고 있다.

이 글에서 우리는 삶의 상징적 메아리가 울리는 내면의 흐름이나 시 창작의 긴 상상력의 도정 끝에 도달하는 관조적인 세계, 또 거기에서 분출하는 영혼의 감동을 음미할 수 있을 것이다. 공자가 '물은 모든 곳으로 퍼져나가고 모든 것에 생명을 주면서도 아무것도 바라지 않는 것은 덕과 같다.(水夫與諸生而無爲也 似德)'면서 물에는 의(義)와 도(道)와 용(勇)과 선화(善化)가 있어서 물을 좋아했다는 동양의 미학보다는 바슐라르의 물에서 되새겨 보는 새로운 이미지의 탐색은 시인들의 교범이 아닐 수 없다.

여기에서 적출된 나의 소품 「물 詩·29」에서 '상징의 물'로 '너의 정체는 항상 애매하다/ 물안개였다가 이슬방울이었다가/ 더러는 만유의 웃음이다가/ 문득 험상궂은 폭력이다가/ 아아, 천태만상의 반전이다가/ 일엽편주 온몸으로 감싸는/ 그 평온의 정체/ 너는 언제나 질곡의 시간을 거슬러다가/ 가을 햇살에 젖은 옷을 말리다가/ 더러는 영혼을 만나러 떠나다가/ 다시 환생의 계곡에서 한 음절 선율로 흐른다'는 물과 시의 접목을 시도하게 된 것은 큰 수확이었다.

(『문학의 집·서울』 2008. 12월호- 「다시 읽고 싶은 글」)

동강은 흘러야 한다

 강원도 정선의 조양강과 동남천이 합쳐서 정선 가수리 마을에서 시작해 평창을 거쳐 영월까지 굽이굽이 흐르는 2백리 물길의 동강(東江), 작년부터 이 동강에 대하여 온 국민들이 관심이 쏠리고 있다. 동강이 억겁의 비경을 간직한 채 계속 흐를 것인지, 아니면 댐 건설로 운명이 바뀔 것인지 지금 많은 논란이 벌어지고 있다.
 정부가 남한강 홍수 조절과 용수 확보를 위해서 영월 다목적 댐을 건설한다는 계획을 발표하고부터 환경 보호단체와 사회 각층의 지식인들이 결사반대를 하고 나섰다. 정부의 생각인 홍수 조절이나 먹을 물 확보보다는 수많은 생물들이 서식하고 있는 생태계의 천국을 보존해야 하며 구석기 시대 선사 유적의 보고를 지켜야 한다는 것이다. 그리고 또 하나의 중요한 문제는 동강이 석회암 단층지형이라서 댐이 건설되면 붕괴의 위험이 따를 수 있다는 우려가 반대의 이유이다.

그러나 최근의 보도를 보면 정부와 여당은 이러한 반대에도 불구하고 전체적인 물 수급량을 고려하여 보완책이 마련 되는 대로 동강댐의 건설 공사는 계획대로 추진한다고 밝히고 있다. 어쩌면 올해 말쯤에는 댐 건설 공사가 시작될지도 모른다. 지금까지 우리가 자연에 대응해온 자세는 보호보다는 실리가 우선이었고 때문에 각종 자연재해를 자초했다고 보아야 한다.

일부 정치가들의 이해관계나 재벌들의 무분별한 이익 챙기기에 편승하여 마구잡이로 금수강산이 수난을 당한 사례는 우리 주변에서 적지 않게 찾아볼 수 있다. 지방자치단체들의 수익 확보를 위해 골프장 건설을 허가하여 나무가 베어지고 물줄기를 돌려서 생태계를 파괴시킨 것은 말할 것도 없고 공사 중 사업체가 부도가 나서 이미 파헤쳐진 산들도 그냥 방치되고 있는 사례들은 우리의 환경정책 부재를 너무나 잘 말해주고 있는 것이다.

이 땅에 마지막 남은 자연의 절경 동강은 한겨울에도 꽁꽁 어는 날이 사흘도 되지 않는데 이것은 동강 물속에서 샘솟는 용천수의 온기 때문에 볼 수 있는 절경이다. 지금쯤은 동강할미꽃, 찔레꽃, 산벚나무, 개살구, 진달래, 홍철쭉들이 지천으로 흐드러졌을 것이고 취, 곰취, 더덕, 첨나물, 원추리, 두릅 등 산나물이 주변을 누비는 궁노루, 청설모와 함께 잘 자라고 있을 것이다.

또한 물속에서 텅발이, 뚜꾸벵이, 갈겨니, 어름치, 송어, 매자, 꺽지, 쏘가리들이 물살을 힘차게 가르면서 거슬러 올라가는 모습이 장관이기도 하거니와 특히 이곳에서 서식하는 수달은 희귀종으로 남아 있으며 어름치는 천연기념물로 보호하고 있어서 동강에 대한 애착심은 더욱 진해지기만 한다.

그러나 동강댐 건설 강행이 단순히 식수 부족의 해결과 남한강 홍수 조절이 목적이라면 그 이전에 수자원 확보를 위한 노력이 우선 되어야 할 일이다. 물의 과소비와 누수 등의 낭비를 막기 위한 물의 관리와 이용에 대한 국민의 의식을 바꿀 수 있는 특단의 대책을 체질화하도록 하는 일을 과제로 풀어야 할 것이다. 자연을 훼손하지 않으면서 그 목적을 달성할 수 있는 여러 가지 방법을 연구하고 실행하여 깨끗한 자연을 우리 후손들에게 물려주는 지혜를 발휘해야 할 것이다.

도연명이 춘수만사택(春水滿四宅)이라고 시를 읊었다. 봄물이 사방 못에 가득하다는 말이다. 봄물이 생명을 재촉하는 이 계절에 물의 의미를 다시 새기는 것은 의미 있는 일이다. 물을 사용하는데 있어서 미리 계획하고 정책적으로 관리 운용한다면 동강을 막지 않아도 될 것이다. 고로 동강은 우리 곁에서 영원히 흐를 것이다.

(1999. 5. 월간 『당뇨』)

봄의 소리는 영혼의 언어다

　도시의 빌딩 숲에서도 봄은 온다. 두툼한 옷가지들을 챙겨 넣고 창문을 활짝 열면 겨우내 쌓였던 계절을 향한 그리움이 한꺼번에 밀려온다. 빛과 어둠이 교차하는 긴 통로를 벗어난 화분들이 베란다에 줄지어 놓이고 싱그러운 보슬비를 기다리는 속삭임이 들린다.
　봄이 오는 길목에서 파랗게 찾아오는 봄의 소리를 듣는 것은 아름다움을 넘어 황홀하기 하다. 작년에도 보았던 꽃이요, 잎새이련만 화사한 웃음의 새 모습에서 무엇인가 마냥 설레는 가슴뿐이다. 흔히들 봄은 생명의 소생으로 신비감을 맛보게 하는 계절이라고 한다. 돌담너머 흐드러진 개나리의 노란 생명에서 새록새록 들려오는 탄생의 숨소리는 자연이 우리들에게 제공하는 최고의 정갈한 생명의 지혜를 일깨워준다.
　아무래도 봄의 참맛은 도시보다는 수많은 감동어린 시골의 어린 시절에서 밝게, 추억에서 한결 부드럽게 느낄 수가 있다. 실개천 잔잔한 물소리를 따라 흔들리는 버들강아지의 미소 띤 파란 눈에서는 볼 붉어 수줍음 가득 찬 봄처녀의 초롱한 눈매를 닮은 느낌을 받는다. 하염없이 돌아가는 물레방아, 산골 마을 앞뒷산에 지친으로 뿌려진 진달래 향내에 취한 길손이 길을 묻는 오솔길에도 봄의 소리는 정겹게 깔려 있다.

파릇파릇 보리싹이 봄볕에 고개 들고 하늘 저 멀리 종달새의 노랫소리 한켠으로 아지랑이 한 다발 휘돌아가는 허공을 응시하면 우리는 살아있다는 새 생명의 공감을 통해서 위대한 자연의 철학을 배우게 한다. 시인 하이네는 '사랑이여! 밭두렁에서 이름 모를 풀꽃들의 웃음소리가 들리느냐'는 그의 시를 읊조린다.

  즐거운 봄이 찾아와
  온갖 꽃들이 피어날 때에
  사랑의 싹이 움트기 시작하였네
  즐거운 봄이 찾아와
  온갖 새들이 노래할 때에
  그리운 사람의 손목을 잡고 호소하였네.

눈부신 봄 산천을 바라보면 톡톡 터져 나오는 잎새들 사이 산새 지저귀는 화음에서 신선한 사색의 청량제가 흠뻑 뿌려진다. 사랑이여, 이 찬연한 봄의 품안으로 그대를 초청하노니 그대 기지개를 켜고 달려 나오라. 그리하여 봄밤의 아련한 적막

속 풀벌레들의 울음을 만끽(滿喫)하자꾸나. 산들바람이 불어온다. 봄처녀의 가느다란 허리까지 늘어진 갑사 홍댕기 펄럭이는 봄노래를 부르자. 미몽(迷夢)의 겨울 꿈을 떨쳐내고 광활한 자연의 향기를 마시면서 맑고 푸른 미래를 향하여 가슴을 펴자. 자연의 위대한 신비와 지혜는 봄의 소리에서 깨달음으로 사뿐사뿐 다가온다. 먼 환희의 그리움으로 승화한 알찬 인생을 설계해 보지 않으련.

살아 숨쉬는 모든 생명들이 그토록 갈망하던 봄이 대지에 내리면 새 움들만이 이 촉촉한 희망의 메아리에 젖는 것은 아니다. 무엇인가 우리 인간에게도 봄눈 녹듯 사무치게 풀릴 듯한 일들이 많이 있다. 함초롬히 젖어서 이슬방울 굴리는 하얀 목련꽃잎에서도 애절한 소망을 느끼는 따순 마음이 있다.

가장 순수한 이 봄날에는 부풀어 오르는 가슴 속에 고이 간직한 사랑을 그리워하자. 꽃소식 기다리는 시인의 노래를 목청껏 부르면서 아쉬움과 애틋한 정감을 사랑하는 사람에게 띄워 보내자. 그러나 아직 봄의 소리를 듣지 못하고 꿈만 삼키며 긴 겨울에 묻혀 있는 이웃이 있다. 이 도시에 살아가는 마음 가난한 자의 봄이다.

긴 그리움이
봄비에 젖은 채
허기진 언어들만

바람에 날려가고 있습니다

그해 겨울
차갑던 영혼을 달래면서
들려주는 한 마당 굿거리는
잠시 출렁이는 강물입니다

먼산 발치에서 휘휘 돌아나온 봄바람 한 줄기는 투명한 산너머 파랗게 손짓하는 한 점 구름을 만나고 있다. 아직도 자리 잡지 못한 봄볕이 어설픈 공간에서 맴도는 구름을 보는 듯 우리네의 연약한 시심(詩心)으로 메워진 이웃들에게도 포근한 봄의 소리를 전해 주리라. 공허하기만 하던 가슴 속에 새 봄의 화사한 생기를 불어넣어 삶에 대한 일말의 번민일지라도 개울물 흐르듯 씻어 보내리라.

아아, 사랑이여, 형용할 수 없이 맑은 우리의 약속을 위해서 저리도 용솟음치는 봄의 골짜기에 새겨진 노래를 합창하리라. 들꽃 한 송이 꺾어 들고 그대의 발걸음을 쫓으리라. 황혼의 들녘에 서서 초가지붕 위에 어른거리는 봄 향내를 애처롭게 기다리리라. 그러나 도시의 봄은 봄맛이 없다. 누군가 도시의 봄은 여성들의 옷차림에서부터 온다고 했다. 거리에는 온통 원색 옷차림 물결이 일렁인다.

가로수 잎이 푸르면 봄인가 싶은 감성 없는 봄은 정취가 없다. 어쩌랴, 구십춘광(九十春光: 석달동안의 봄철)을 잊은 채 살아가는 우리네 허약한 심정이 내면에서 향그러운 봄의 소리가 그렇게 황홀하지만은 않을 것이다. 정서의 목마른 영혼들이여, 오늘만은 정녕 창문을 모두 열고 봄의 소리에 귀를 기울이자. 귓가에서 소곤거리는 따사로운 정감의 언어를 들어보리라.

온누리에 새롭게 펼쳐진 봄볕 속에서 활짝 웃고 있는 나를 다시 발견하게 되리니. 아, 누가 뭐래도 이 봄의 향취는 나의 것이며 황홀한 미래의 새 희망도 내 곁에 있음이니 봄의 소리는 영원한 사랑의 노래이다. 내 마음 깊숙이 간직한 영혼의 언어이다.

(1992. 4. 현대백화점 사보)

2.
말로써 말 많으니

국어사전을 몇 번 읽었는가

　80년대 초반에 『심상』지에 등단을 하자마자 심상출신시인들이 모여서 '심상시인회'를 결성하고 대전 동학사에서 창립총회 겸 야유회를 가졌다. 여기에서 심상 제1기 등단자인 김성춘 시인이 초대회장에 선출되고 앞으로 『심상』지의 발전과 회원들의 친목, 그리고 회의 활동방향에 대하여 많은 의견을 교환하였는데 그중에서 『심상시인회 사화집』 발간사업을 시작하여 한국문단과 문화예술계에 알려서 우리들의 위상을 높이자는데 합의하였다.
　바로 이 사업이 실행되어 첫 사화집 『캄캄한 항구에 닻을 내리며』를 회원 40명이 참여하여 빛을 보게 되었으며 이를 신문 방송 출판 등 중요 언론매체에 보도자료를 보내서 전국에 알리기로 했다.
　이러한 일들은 신인들이 담당하기로 해서 나는 출판사와 잡지사를 맡아서 열심히 주소를 들고 찾아서 PR해줄 것을 간곡히 부탁하고 다녔다. 어느 날 현대시학사를 찾았다. 서대문 로터리 우체국 건물 쪽에 삐거덕거리는 2층의 문을 열고 정중하게 인사를 드리고 방문한 사유를 알려드렸다.

어떤 중년의 노장(老壯)이 앉아서 열심히 교정을 보고 있었는데 아무런 대꾸가 없어서 한참 서 있다가 "잘 부탁한다"는 말을 하고 돌아서려 하는데 한 말씀 던졌다.

"귀하도 시를 쓰는가?"
"예, 지금 열심히 공부하고 있습니다."
"국어사전을 몇 번 읽었는가?"
"예?"
"사전을 적어도 처음 ㄱ에서부터 ㅎ까지 세 번을 읽고 시를 서야 할 것이네."
"……."

대화는 끝났다. 찾아간 목적도 말하지 못한 채 사화집만 책상 위에 얹어놓고 투덜투덜 돌아오면서 곰곰이 생각해도 도무지 이해가 되질 않았다. 무슨 소설이나 만화책도 아닌 국어사전을 끝까지 세 번씩이나 읽으라고? 허허 헛웃음이 나왔었다.

아니나 다를까, 등단한 지 1년도 못되어 우선 언어에 대한 고갈현상이 나타났다. 썼던 말을 다시 쓰게 되어 시의 전개나 흐름 그리고 구성에서 써먹었던 말은 반복하게 되어 작품으로 써의 내용이 식상하게 됨을 발견하고 나서 아, 그 어른이 한 말이 맞구나. 지금부터라도 국어사전을 읽어야지. 당장 교보문고에 달려가서 포켓용 국어사전 3권을 사고 돌아와서 마루에, 안방에, 심지어 화장실에 각각 한 권씩 던져놓고 수시로 내용을 읽었다.

실제로 사전을 항상 많이 읽고 이를 참고로 해서 작품을 완성하면 시어의 선택뿐만 아니라 그 단어에서 문득 과거의 체험이 재생되는 경우가 많아서 이미지의 창출이나 주제의 정립에 실질적인 도움이 되었다. 그제서야 아, 그때 그 선생님의 말씀이 어떤 이유에선지가 깨닫게 되었다. 그분은 나중에 알게 되었지만 『현대시학』지를 발행하는 원로시인님이셨다.

시는 언어 예술이다. 시는 다른 문학 장르인 수필이나 소설과는 간결한 언어가 필요하다. 또한 언어의 절약에서 얻어지는 함축미가 돋보이며 어떤 금언(金言)이나 잠언(箴言)처럼 그 의미가 명징(明澄)하게 전달되는 특징이 있었다. 사실 수필은 2백자 원고지로 15매 내외, 소설 단편의 경우 80매 내외의 긴 문장을 필요로 하기 때문에 많은 언어를 사용해서 주제를 적시(摘示)하게 되지만 시는 5~6매 정도, 21행 내외의 문장으로 한 편을 완성하면서 기승전결(起承轉結) 구도에 맞게 완성해야 하기 때문에 시는 언어의 마법 같은 수련이 더욱 필요하기에 나는 시창작 강의나 시담(詩談)에서 늘 들려주곤 한다.

시는 언어의 예술이니까 시를 창작하는 시인은 언어를 직조(織造)하는 연금술사 혹은 언어의 마술사라고 부른다. 이는 시인은 우리말과 글을 자유자재로 응용할 수 있는 기능을 요구하는지도 모르겠다. 나 스스로도 언어의 조탁(彫琢)이 이루어져야 괜찮은 시 한 편을 건질 수 있으니 말이다.

  冬至ㅅ달 기나긴 밤을 한 허리 버혀내어
  春風 니불 아래 서리서리 너헛다가
  어론님 오신 날 밤이여든 구뷔구뷔 펴리라
          - 황진이의 「시조」

  강나루 건너서
  밀밭 길을

  구름에 달 가듯이
  가는 나그네

  길은 외줄기
  남도 삼백 리

  술 익는 마을마다
  타는 저녁놀

  구름에 달 가듯이
  가는 나그네.
      - 박목월의 「나그네」

이 작품들을 보라. 일반 통념이나 과학적 사고에서 보면 지극히 비이성적이다. 사실성이 없고 객관적으로도 증명할 수도 없다. 어떤 개념이나 의미 전달만을 목적으로 한다면 '긴 밤의 시간을 비축했다가 임이 오는 날 모두 소비하겠다'라거나 '어떤 나그네가 저녁놀이 덮힌 강나루를 건너 술익는 마을길을 간다.'라는 서술로 충분하다. 그러나 시와 언어 사이에는 신비로운 시적 진실과 우주적 진실의 메시지를 내포(內包)하는 마력(魔力)이 있는 것 같다. 국어사전을 수없이 읽어서 아예 외어버리면 어떨까 싶다.

(1997. KBS방송문화센터 시강의 자료)

할 말은 많사오나

군 생활 때 이야기다.
"어이, 김 일병!"
"네. 일병 김송배."
"이것 좀 봐줘."
선임하사가 내미는 종이에는 이렇게 씌어져 있었다.

　母主任 前上書

　此時 嚴冬之節에
　母主任 氣體候一向萬康하옵시고
　家內 大小諸節이 無故하옵신지
　不孝子 遠處에서 問安드립니다.
　然而나 不孝子는 母主任의 遠念之德分으로
　今日도 身體 健康하게

國防 義務를 忠實히 遂行中에 有하오니
너무 過한 極情 止止하옵소서.
日前에 母主任 病患이 差度가 無하다는 片紙를 接하고
卽時 歸鄕 病垂髮 不行爲의 近心으로 不眠이오니
容恕를 懇切하게 求합니다.
…(중략)…
할 말은 萬事오나 이만 怱怱 止筆하옵니다.
餘不備禮上.

'야, 참 유식한 체하고 있네.' 속마음은 그랬지만, '언제부터 선임하사님의 한문 실력이?' 놀란 척하면서 무조건 명문장이라고 추켜세웠다. 그 당시 부대 안에서는 내가 책깨나 읽고 글깨나 쓴다고 소문이 나 있었던 터라, 아마도 나에게 이 편지를 보여주면서 자기 실력도 과시하려는 의도가 아닌가 생각되기도 했다.

대체로 살펴본 편지의 내용은 이 겨울에 어머니의 안부를 묻고 가내 대소제절에게 안부를 전하면서 어머니의 병환이 차도가 없다는데 즉시 돌아가서 병수발을 하지 못해 근심으로 잠이 오지 않는다는 내용이다.

그러나 내가 놀란 것은 우선 윗글에서 밑줄친 부분을 보면 한자를 억지로 갖다 맞추었다는 점이다. '모주임(母主任)'은 '님'을 '任'으로 썼다고 하더라도 '충실(忠實)'은 군대에서 충성만 강조하였으니 또 그렇다고 하자. '걱정을 하지말라'는 표현을 참

유식한 체 '걱정 지지(極情 止止)'라 했으니 '걱정'이 '극정'이 되었다. 그래도 '止止'는 '끝낼 지'자니까 첩어(疊語)로 써서 빨리 끝낸다는 것이라고 억지를 부린다면 말은 될 법도 하다.

또한 '불행위(不行爲)의 근심(近心)으로'는 병수발을 하지 못하는 근심으로 이해할 수밖에 없는데 '불행위'는 이런 뜻으로 쓰는 말이 아니며, 순 우리말 '근심'이 갑자기 '近心'으로 바뀌고 말았다.

그런데 지금 이곳이 어디이며 어느 안전(顔前)인가. 이 글자는 이렇게 쓰는 것이 아니고 또 문장은 어떠하다고 충고(?)를 할 개재(介在)가 아님을 잘 알고 있었다. 그렇다고 그냥 맞다고 할 수도 없어서 나는 군대식으로 머리를 굴렸다.

"선임하사님, 이 난해(難解)한 한문 서간(書簡)을 모주님께서 통독(通讀)하실 수 있는지요?"

"야, 임마. 그런 걱정은 안 해두 돼." 확 뺏어간 편지는 부쳤는지까지는 알 수 없으나, 내가 정작 배꼽을 쥐고 웃었던 것은 '할 말은 萬事오나'였다. 그냥 '많사오나' 하면 될 것을 진짜 유식한 체 '萬事오나'라고 해서 할 말이 많은 것이 아니라, 할 일이 많은가 보지 뭐. 무식의 극치를 보여준 그 후로는 나를 대하는 태도가 한층 부드러워졌다가도 경계심을 보이는 눈치가 역력했다.

그 선임하사 씨는 월남전에 참전하고 나는 만기 제대를 했다. 나는 잡문을 쓰면서 가끔 그 '할 말은 萬事오나'가 떠오르고 선임하사 씨도 그립다. 그 어머니에게 직업군인으로서 얼마나 할 말이 많았으면 '일만 만자에 '일 사자를 썼을까 싶기도 하다.

요즘은 한글만 전용해야 한다느니, 한자 교육을 초등학교에서부터 실시해야 한다느니 양론이 비등하다. 나도 평생 글을 쓰는 동안 우리 국어를 사랑하면서 우리말을 살려서 쓰려고 노력하는 사람이다. 그러나 '萬事오나' 식의 한자가 아니라, 뜻이 서로 혼동되는 낱말은 괄호 속에 한자를 병기하는 방법도 독자들의 이해를 돕는 것은 분명하다.

언젠가 순수한 우리말로 된 청첩장을 받았다. 어리둥절해서 사전을 펼쳐놓고 풀었다. 너무 유식한 한문투의 문장도 문제이지만, 순 우리말의 이해도 역시 문제가 있음을 알 수 있다. 이것의 조화가 어떻게 이루어져야 하느냐는 앞으로 연구할 과제이기도 하다.

> 두 사람이 다솜으로 만나 미쁨으로써 옴살이 되려 합니다.
> 그동안 아껴주신 어르신과 아슴, 벗들을 모시고
> 가시버시의 살부침을 맺고자 하오니 바쁘시더라도 꼭 오셔서
> 두 사람의 앞날에 비나리를 해 주시기 바랍니다.
> 저희 두 사람은 한살매 서로 괴오는 마음으로 의초롭고
> 살뜰하게 살아가겠습니다.

(2008. 11.)

내가 좋아하는 방언, 좋은 말

- 천지 삐까리

　내가 어릴 적에 배탈이 자주 났다. 어머니는 응급처치로 쑥을 뜯어다가 몽돌로 콩콩 찧어서 즙을 내어 마시게 했다. 이 쑥은 길옆이나 논두렁, 밭두렁 등 아무데나 쌔비릿다. 이렇듯 서부 경남(합천, 거창, 함양, 산청)쪽 산촌에는 쑥 말고도 약초들이 엄청시리 널려 있다.
　여기에서 '쌔비릿다'는 말은 '쌔고쌨다'는 말로서 아주 흔하다는 말이며 '엄청스럽다'는 것은 '엄청나다'는 것으로 생각보다 많다는 뜻으로 쓰이는 사투리이다. 억수로 많다는 표현도 있는 것을 보면 많다는 과시적인 허세도 내포된 듯하다.
　나에게 배탈이 자주 일어나자 어머니는 다시 처방을 내리고 형에게 산에 가서 '삽초(표준어는 삽주)'뿌리를 캐오도록 시켰다. 오래전부터 민간요법으로 삽주뿌리를 삶아서 그 물을 마시면 위장병을 낳게 한다는 속설이 있었다.

그러나 형은 하루 종일 산골짝을 헤매어도 한 뿌리를 캐지 못하고 꾸중만 들었다. "애야. 절골(옛날 절터가 있었던 골짝) 산비알로 올라가다 보면 삽초가 천지 삐까리다. 내일 다시 가봐라."

나는 당시의 쓰린 배를 지금 움켜쥐고 우리말의 다양한 위력을 잠시 생각해 본다. 숫적으로 또는 양적으로 많음에 대한 표현을 '엄처시리 많다'나 '억수로 많다'는 일반적인 것보다는 '쌔비릿다'와 '천지 삐까리'라는 정겨운 토속 언어가 몸에 배어 있어서 잊혀지지 않는 것은 웬일일까.

이처럼 많다는 표현은 때와 장소에 따라서 '수두룩하다'나 '지천에 늘렸다' 또는 '전신만신으로 늘려 있다'는 등으로 표현되기도 한다.

(문학의 집·서울『그리움의 말을 찾아서』)

- 품앗이

우리 집 앞 서마지기 논배미에 온 동네 사람들이 함께 엎드려 모내기를 하고 있었다. 웬일일까. 마침 새참을 이고 나오시던 울 엄매가 '품앗이'라고 일러주었다. 품앗이? 다음 날엔 울 아부지, 엄매가 이웃 당산댁 논에서 동네 사람들과 함께 모내기를 했다.

아. 그렇구나. 모두가 바쁘고 힘들 때 서로 일을 거들어 주

면서 도와주고 또 도움을 받고 하는 것이었다. 그것이 우리네 인정이며 공동체로 살아가는 방편이었다. 우리 아버지들은 이렇게 협동심으로 농사를 지었다. 얼마나 슬기로운 일인가. 며칠 후 그 들판은 갓 심은 모포기 잎들이 바람에 온통 파랗게 흔들리고 있었다.

이 품앗이는 '품'이라는 말을 이해할 필요가 있다. 품은 어떤 일을 하는 데 드는 힘이나 수고를 말한다. '품을 팔다'고 하면 무슨 일을 하고 있다는 말이다. 이의 대가로 받는 것이 '품삯'이다. 그래서 '날품'과 '날품팔이'라는 말도 생겨났다. 날품을 팔아서 생계를 이어가는 사람들이 부쩍 늘고 있어서일까.

요즘은 '발품'이라는 말도 있다. 발로 뛰어서 얻어낸 성과를 말하는 것 같다. 끈질기게 만나서 설득하고 이해시키는 일도 '품'에 해당하는 것이다. 부지런하게 일하는 모습이 선하게 떠오른다.

그러나 품앗이는 이러한 품삯과 관계없이 서로 지고 갚는다는 데서 정겨운 우리의 심성이 무르녹아 있다. 어려울 때 나누는 이웃과 동료와의 상부상조의 정신이다. 이것은 옛 조상들의 지혜로운 생존 방식이었다.

이번 주말에는 결혼식장에 가야겠다. 내 딸 결혼식 때 와서 축하해 주었으니 가지 않을 수 없다. 또 출판기념회에도 가봐야 한다. 어쩌면 이것도 품앗이라고 할 수 있을까. 시대에 따라서 변해버린 품앗이의 형태는 엉뚱한 의미로 변질되고 있어서 왠지 요즘 이 말의 개념은 좀 씁쓸하다. 어릴 적 우리 집과 당산댁 논배미에서 서로 돕고 나누던 순정은 그 빛이 바랜 지 오래이기 까닭이다.

(문학의 집·서울 『우리 말 우리 글 사랑』)

잘못 읽기(誤讀) 쉬운 한자말

　우리의 글자는 한글이다. 세종대왕이 창제한 후로 이조 5백 년 동안은 언문(諺文)이라는 별칭으로 암글(內語)라고 해서 안방마님이나 규수들만의 전유물이었던 때도 있었다. 내가 어렸을 적에 큰집 백모님이 밤이면 온 동네 아낙네들을 모아놓고 『박씨부인전』, 『츈향젼』, 『옥단춘전』 등을 읽어주면 호롱불 아래서 옷소매나 치맛자락으로 눈물을 훔치던 일이 기억난다.
　물론 손으로 또박또박 써내려간 한글 필사본이었다. 문종이(한지)를 꿰매어 만든 유일본(有一本)인 이 책들은 얼마나 애지중지 읽었는지 반들반들 손때가 묻을 정도로 빛바랜 책장을 넘길 때마다 콧물 눈물 훌쭉이던 모습과 오늘 너무 밤이 이슥해지면 내일의 약속으로 계속하여 읽기를 끝내지만 마지막 날 맨 끝장에서는 언제나 '만나서 잘 먹고 잘 살더라'라는 해피엔딩으로 끝난다는 소설의 묘미를 들려주곤 했었다.

모두들 안도의 한숨을 내쉬면서 박수를 치고 누군가 준비해 온 막걸리를 책거리로 내놓고 한바탕 독후감을 나누던 모습을 잊을 수가 없었다. 우리 백모님은 저 타지(他地)의 명문(名門) 은진 송씨(恩津宋氏) 집안의 양반댁의 규수로서 우리 가문 의성 김씨(義城金氏) 집안 백부(伯父)님께로 출가하면서 가마 안에 필사본 책들과 서간문 등을 가득 싣고 시집왔다는 얘기는 지금도 생생하다.

이렇게 우리 한글을 사랑하는 백성들도 많았는데 왜 이씨조선 왕조들은 한자(漢字)를 숭상했는지 모르겠다. 모든 문서는 물론, 인재를 등용하는 과거시험도 한문으로 출제하고 채점을 했던 잔재(殘在)가 지금 남아 있다. 내가 초등학교 때 4학년 국어에는 한자를 괄호( )로 처리해서 그 의미를 배웠는데 어느 날을 갑자기 한글전용이라 해서 한자를 모두 없애고 겨우 중고등학교에서는 한자 교과서를 따로 만들어 배운 적이 있었다.

우리글이나 말은 모두 한자에 그 어원(語源)을 두고 있는 단어가 많다. 문제는 한자를 전혀 배우지 않은 세대는 자기의 이름도 한자로 쓸 줄 모르고 신문도 제대로 읽지 못하는 무식쟁이가 되었다는 것이다. 더구나 요즘은 외래어가 넘쳐나서 길거리에 즐비한 간판이나 아파트의 이름까지도 외래어 천지이다. 문자들의 전성기라 할 만하다

그런데 이러한 한자로 쓴 성함들을 잘못 읽는 에피소드도 있었다. 특히 우리 문단에서 거목들인 시인 황금찬(黃錦燦)은 황

면찬으로 비단 금(錦)자를 솜 면(綿)자로 잘못 읽은 것이다. 정한모(鄭漢模)를 정한막(漠)으로, 김남조(金南祚)를 김남작(作)으로, 유안진(柳岸津)을 유안률(律)로, 신달자(愼達子)를 진(眞)달자로, 염산국(廉山國)을 강(康)산국으로 또는 미당(未堂) 서정주를 말(末)당으로 읽어서 좌중을 웃게 한 일도 있었다.

옛날에는 신문이나 책을 인쇄할 때에는 주조된 활자를 문선이 일일이 채자(採字)하고 식자공이 조판을 하고 꼼꼼한 교정을 거친 후에 인쇄기에 걸어서 돌리는 인쇄였다. 그러나 이 식자하는 과정에서 잘못했거나 교정에서 발견하지 못하고 그냥 인쇄되어 나왔으나 오자(誤字)가 발견되어 정정(訂正)보도를 내거나 정오표(正誤表)를 붙여서 시중에 나오는 경우가 허다했다.

어떤 신문기사에는 점(.) 하나 잘못되어 그 내용이 엉뚱한 곳으로 흘러버린 예도 있어서 독자들이 아연실색(啞然失色)하는 일도 비일비재(非一非再)하게 나타나서 독자들에게 회자(膾炙) 되었던 일도 있었다. 이승만 대통령(大統領)이라는 어떤 기사에서 이승만 견(犬)통령, 이승만 태(太)통령이 된 것이다. 갑자기 큰 대(大)자가 개 견(犬)자로, 콩 태(太)자로 바뀌어 개대통령이 된건지 콩대통령이 된건지, 그래서 이 신문은 당국의 정간처분을 받았다는 고사(故事)도 있었다.

이처럼 점 하나 잘못 찍은 실수로 해서 그 의미가 완전히 달라진 경우는 많이 있다. 주인(主人)이 왕인(王人)이 되고 탄환(彈丸)이 탄구(彈九), 견공(犬公)이 대공(大公), 영화 왕중왕(王中王)

이 옥중왕(玉中王), 방위(方位)가 만위(万位), 양심(良心)이 간심(艮心), 광견병(狂犬病)이 광대병(狂大病), 장녀(長女)가 창녀(娼女), 회장실(會長室)이 화장실로 등등 많은 오류(誤謬)를 대할 수가 있는 것이다.

역시 어려운 한자를 멀리하고 우리 한글을 소중히 여기면서 잘 살려 써야 할 것이다. 그러나 한자에 대한 약간의 지식만 있다면 우리 말 단어의 뜻을 이해하는데 도움이 되는 것은 사실이다. 그래서 나는 빨리 알아차리기 힘든 낱말은 반드시 괄호로 한자를 표시하여 독자들이 금방 알아차릴 수 있도록 배려한다.

가령 시 중에서 '오지에 젖는 날'이라는 구절이 있다면 오지가 어떤 말인지 선뜻 이해가 되지 않아서 오지(奧地)라고 한자를 병기(倂記)하여 '해안이나 도시에서 멀리 떨어진 내륙의 깊숙한 땅'이라는 사전의 의미를 알려주고 있는 것이다.

이 밖에도 잘못 읽는 한자말은 화기애애(和氣靄靄)를 화기알알로, 호시탐탐(虎視耽耽)을 호시침침으로, 혈혈단신(孑孑單身)을 홀홀단신으로, 야반도주(夜半逃走)를 야밤도주로, 포복절도(抱腹絶倒)를 포복졸도로 읽는 경우를 많이 발견하게 된다. 지금 나도 이런 경험이 많아서이지만 이 밖에도 얼마든지 발견할 수 있는 것이다.

나는 현대시 공부를 하기 전에 당시(唐詩)를 배운 적이 있었다. 한자가 표의문자(表意文字)라서 그 뜻을 새겨서 살펴야하는

데서 매력을 갖기도 했다. 이태백이나 백낙천 그리고 두보의 시를 읽으면서 어릴 때 읽었던 천자문과 명심보감을 다시 읽게 되었고 나아가서 소학(小學), 대학(大學), 논어(論語), 맹자(孟子) 등 사서삼경(四書三經)까지도 들여다보게 되어서 시뿐만 아니라 다른 작품 쓰는데도 많은 도움이 되고 있는 것이다.

오징어 한 축, 북어 한 쾌

가끔 한가한 날이면 집 근처 모래내 재래시장을 배회한다. 거기에는 살아가는 이들의 진정한 목소리가 들린다. 생선 한 마리, 풋나물 한 뭇 더 팔겠다고 아우성인 상인들을 바라보노라면 여기가 삶의 전장터 같지만 그래도 생기가 넘치는 곳임을 실감하게 된다.

다분히 산문적(散文的)이다. 시내백화점에서 바겐세일 때 와글와글하는 것이나 이 재래시장에서 왁자지껄한 아우성들이 산문적이라면, 반대로 산사에서 묵상하면서 깊은 사색에 젖어 있는 광경은 시적(詩的)이라고 해야겠다. 그렇다면 시를 쓰는 사람이 무슨 산문적인 현장에서 어슬렁거리느냐고 항의할 사람도 있으리라.

아니다. 정중동(靜中動)이다. 시는 삶의 현장에서 솟아나는 샘물이다. 하여 수시로 현장에 부딪혀야만 한다. 그것이 삶을 통한 인간의 진실을 탐색하는 중요한 동인(動因)이 된다.

"자자. 칼치 한 마리, 간고등어 한 손, 굴비 한 두름. 싸요 싸."

"자. 여기. 쪽파 한 단, 배추 한 포기, 김 한 속. 싸요 싸."

나는 무심코 지나가다가 '한 마리', '한 손' 등 팔 물건들에 붙는 단위에 대해서 매료되고 말았다. 아. 각각의 물건마다 수를 세는 단위가 어떤 특징을 가지고 있구나. 우리는 이것을 문법적으로 명수사(名數詞)라고 한다.

대체로 물건을 셀 때에는 한 개, 두 개로 센다. 그러나 밤 한 톨이며 은행 한 알이다. 과일은 100개가 되면 한 접이라고 한다. 요즘은 상자에 포장하면 한 박스라 하고 몇 개가 담긴 것은 한 봉지로 통하지만 이를 칼로 잘라놓으면 사과 한 쪽, 배 한 쪽이 된다.

동물의 경우는 한 마리가 단위이다. 소 한 마리, 돼지 두 마리, 개 세 마리이다. 좀 특이한 것은 경주용 말은 한 필이라고 붙인다. 생선에서도 마리로 세다가 간고등어 두 마리가 되면 한 손으로 부른다. 굴비나 조기도 20마리가 되면 한 두름이라 하고 오징어 20마리는 한 축이며, 북어 20마리는 한 쾌이다. 이것이 셀 수 없이 많을 때는 소떼, 오징어떼라고 그 무리를 지칭하게 된다.

나무 한 그루에서 잘라낸 나뭇가지를 묶으면 나무 한 단이 되고 몇 단이 모이면 한 짐이다. 두부도 한 판을 일정한 크기로 자르면 한 모가 되듯이 벼 한 섬을 나누면 몇 가마가 되고 또 몇 말로 나누면 몇 되, 몇 홉, 몇 작으로 변한다. 그리고 버선 열 켤레, 저고리 열 벌이 되거나 돗자리 열 닢이 되면 한 죽이지만, 연필 12자루는 한 다스라고 한다.

이렇게 명수사에 대한 분류는 어떠한 기준을 적용해서 명명 되었는지는 자세하게 알 수는 없으나 우리 조상들의 지혜가 담겨 있는 것은 분명하다. 시장을 돌다가 시장기가 느껴져서 난전에 앉아서 순대 한 접시, 술국 한 사발 안주로 소주 한 잔을 마셨다. 깍두기 한 보시기와 고추장 한 종지 곁들인 술판 한 상은 술을 한 병이나 먹게 하였다.

나는 반나절을 시장에서 헤매다가 오이 한 거리, 미나리 한 갓(열 모듬)을 사들고 담배 한 개비를 피워 문 채 큰길로 나왔다. 마침 꽃집이 있어서 장미 한 다발과 춘란 한 분을 사들고 한 마장쯤 떨어져 있는 집으로 향했다. 나의 명수사에 대한 생각은 끝나지 않았다.

- 비행기, 자동차, 자전거는 한 대인데 배는 한 척인가.
- 단독주택은 한 채인데 아파트는 한 동인가.
- 쌀 한 자루와 연필 한 자루는 어떻게 다른가.
- 물 한 동이와 석유 한 초롱의 양은?
- 명주실 한 테와 새끼 한 발의 길이는?
- 총을 한 방 쏘았다와 침을 한 방 떴다의 차이.
- 시 한 수 읊었다와 감성돔 몇 수나 건졌나.

- 병아리 물 한 모금과 이슬 한 방울의 차이.
- 책 500권과 500부의 차이. 한 질은?

이밖에도 많이 있다. 갑자기 생각이 나지 않아서 그렇지…. '흙 한 더버기'도 있고 '글 한 대문'도 있으며 '바늘 한 쌈', '한 아름되는 나무', '양념 한 자밤', '시루떡 한 켜 한 켜', '새벽닭이 세 홰째 운다'는 등의 명수사는 아름답기도 하다.

요즘은 m, m², m³, kg, ℓ 등으로 길이와 넓이, 부피, 무게를 측정하는 단위(度量衡)가 바뀌어서 약간의 혼동이 있으나 예전에는 한 자(0.3m), 1간(6자), 1정(360자), 1리(12,960자)를 길이의 단위로 계산했고 한 평(0.3m²), 1단보(300평), 1정보(3,000평)로 넓이를, 한 홉(5.54 ℓ), 한 되(10홉), 한 말(10되)로 부피를, 한 돈(3.75g), 한 근(160돈), 한 관(1,000돈)을 무게의 단위로 했다.

그러나 cm, m, km, 인치, 피트, 야드, 마일과 m², 아르, 에이커와 m³, ℓ, 입방야드, 갤런과 g, kg, 톤, 온스, 파운드 등으로 계량 단위로 환산해야 하기 때문에 아직 익숙하지가 않아서 약간 어려움이 따른다. 아파트 몇 평하면 될 것을 굳이 몇 평방미터라고 해야 한다.

아무래도 재래시장에서 김 한 톳과 생선 한 뭇을 더 사다가 된장찌개 한 술로 밥 한 끼 때우고 책 한 쪽 읽으면서 보약 한 첩 먹은 셈치고 또 한 해를 보내야겠다.

(2009)

말로써 말이 많으니

말하기 좋다하고 남의 말을 말을 것이
남의 말 내 하면 남도 내 말 하는 것이
말로써 말 많으니 말 말을까 하노라

여기 무명(無名) 씨가 읊어 남긴 시조처럼 예나 지금이나 말 많이 해서 구설에 오르지 않는 일이 없는가 보다. 말을 잘 하면 천 냥 빚도 갚는다는 우리 속담도 있지만, 말은 우리 일상생활에서 대단히 큰 영향을 미칠 수 있어서 조심하지 않으면 안 된다. 또한 '낮말은 새가 듣고 밤말은 쥐가 듣는다'는 속담도 있는 것과 같이 어느 곳에서 남의 흉을 보거나 비밀스런 이야기를 해도 결국 알게 된다는 뜻이다. 이렇게 본다면 말은 가려서 해야 할 것이다. 꼭 필요한 말은 전달하되 해서는 안 될 말은 삼가야 한다.

이러한 말로서 벌어지는 구설이나 시비는 진실을 왜곡하거나 아니면 모함의 다른 의미가 포함되어 있다. 어떤 사실을 자기의 일방적인 추론으로 말을 전달하면서 빚어지는 오해가 있는가 하면, 어떤 특정인을 모함함으로써 자신에게 유리한 조건과 우위의 위치를 확보하려는 거짓말쟁이의 속임수라고 할 수 있다. 그러나 '발 없는 말이 천리를 간다(無足言飛千里).'거나 '소더러 한 말은 안 나도 아내더러 한 말은 난다(言牛則滅語妻則洩).'는 속담에서도 알 수 있듯이 아무리 친한 사이에서 한 말이라도 새어 나가게 되어 있다.

지난날 내가 문협에 재직할 때, 책임자가 술을 마시지 못해서 지방에서 찾아온 회원들에게 식사나 술 접대를 하라는 지시를 받고 그들과 살아가는 이야기, 문단 이야기를 나누곤 했다. 어느 날 그와 문단정치판에서 대결구도를 이루었는데 그가 나를 대낮에도 술 마시고 다니는 주정뱅이 혹은 알콜중독자라고 모함하면서 회원들에게 유포하여 수모를 겪은 적이 있었다. 사실은 그가 할 일을 도와준 것인데도 불구하고…. 그러나 이것을 곧이곧대로 인정하는 회원은 아무도 없어서 다행이었다.

언젠가는 가깝다고 생각한 몇 사람이 술을 마시면서 인생과 문학 등 많은 이야기를 화기애애하게 나눈 일이 있었다. 끝날 쯤에서 문협 이야기가 나오고 발전방향이나 개선점 등이 자연스럽게 거론 되었다. 내가 사무책임자라서 그런지 그들은 궁금한 게 많았으리라.

나는 그들에게 바깥의 여론을 먼저 물었다. 그들은 서슴없이 여론을 들려주고 또 개선책까지 내놓았다. 나는 고개를 끄덕이며 그런 점은 정말 개선되어야 발전이 있다고 긍정하고 동의했을 뿐인데, 웬걸, 다음 날 아침 그 책임자의 언성은 나를 향해 화살을 쏘아댔다. 나는 그렇지 않다. 왜곡되었다고 아무리 설명을 해도 그의 인식에는 나를 불신하고 있었다. 나는 당장 어젯밤 만난 그들에게 전화로 항의하고 진실을 규명해줄 것을 요청했으나 이미 엎질러진 물이었다. 아무리 가까워도 말은 조심해야겠구나. 한편으로 억울함과 분노가 치밀기 시작했으나 다시는 그들의 해명을 요구하지 않았다.

이처럼 말의 위험성에는 항상 거짓말이 동행하고 있다. 주작부언(做作浮言)이라 해서 터무니없는 거짓말을 지어내는 일이 있는가 하면, 말을 부풀려서 전달하는 경우가 있다. 지어낸 말이든 부풀린 말이든 간에 전해 듣는 사람은 기분이 상하게 되며 처음 말한 사람 그 당사자는 깊은 오해에 휘말리게 된다.

조선시대 중기 문신인 김상용의 시조에서도 말조심을 강조하고 있다. "말을 삼가하여 노(怒)하온 제 더 참아라/ 한번을 실언하면 일생에 뉘우쁘뇨/ 이 중에 조심할 것이 말씀인가 하노라." 지금의 상황이 못마땅해서 비판적인 말을 하는 사람이나 이를 아첨하는 언어로 전하는 사람이나 모두가 유념해야 하리라. 그러나 침묵이 금(金)이 아닌 경우도 있다. 정당한 진실을 말하고자 할 때에는 당당하게 말을 해야 한다. 자신의 의사를 분명하게 밝히거나 주장하지 못하면 순간에 바보 취급을 당하게 되는 경우가 있음을 볼 수 있다.

　말하려는 것이 있거든 그 말을 하기 전에 다시 한 번 생각해 보라. 그러나 제 자신을 평정하고 선량하고 사랑 깊은 사람이라고 느낄 때에는 그렇게 하지 않아도 좋다. 그러나 평정을 잃고 악을 느끼며 마음이 흔들릴 때에는 흔들릴수록 말로 인하여 죄를 범하는 일이 없도록 조심하여라.

　누군가가 이처럼 말을 하기 전에 다시 한 번 생각해 보고 할 것을 일러주고 있다. 공자도 '옛글에 이런 말이 있다. 즉 언변으로 자기의 뜻을 성공시키고 문장으로 자기의 말을 성공시킨다고 했다. 말을 하지 않으면 누가 그 사람의 뜻을 알 수가 있으며 또 말을 한다 해도 문장으로 기록하지 않으면 그 뜻이 전달될 수 있겠느냐(志有之 言以足志 文以足言 不言誰知其志 言之無文 行之不遠)'.고 해서 필요한 말은 조리 있게 해야 함을 역설하고 있다.
　우리 주변에는 이치에 맞지 않는 말(語不成說)을 하는 사람과 달콤한 말로 남을 꾀는(甘言利說) 사람과 말뿐이고 알맹이가 없는(德音無良) 경계해야 할 사람들이 많이 있다. 그러나 지성적인 언어로 교양과 덕담을 전해주면 그 진실을 이해하고 배우는 계기가 되는 것은 당연하지만, 어쩐지 유구무언(有口無言)일 수밖에 없다.
　우리가 '말로써 말 많으니 말 말을까 하노라'라는 말에 익숙해져서 모두가 침묵한다면 그 고역 또한 감당하기 어려우리라. 참새처럼 조잘대는 것도 문제이지만, 일언천금(一言千金)과 같이 품위와 가치가가 있는 말은 소중하기가 이를 데 없을 것이다.

(2009)

왜 여자에게만 가혹한가

　내가 어릴 때만 해도 '남녀칠세부동석(男女七歲不同席)'이란 말을 어른들에게서 들었다. 남자 여자가 나이 일곱 살이 되면 한 자리에 함께 앉지 않는다는 뜻으로 이해했지만, 이 말은 유교적인 개념에서 남녀의 유별(有別)을 강조하고 '남녀가 한 자리에 앉지 말라'는 엄격한 규범으로 들린다.
　왜 그랬을까. 아마도 이 나이쯤 되면 남녀간의 본능적인 욕정의 발현을 규제하려는 묘책이 아닌가 하는 생각이 든다. 당시에 사대부가(士大夫家)뿐만 아니라, 일반 서민의 사회에서도 통념적인 유교사상이 모든 생활을 지배하면서 남존여비(男尊女卑)라는 남성 우월을 실현하고 있었을 것이다.
　여성은 오로지 규방(閨房)이나 내방(內房)에서만 생활해야 한다는 비합리적인 규범을 강요하고 있었다. 그래서 그들만의 지혜가 담긴 규방문학(閨房文學)이니 내방가사(內房歌辭)라는 여유

거리를 만들었던 게 아닌가 싶다. 그러나『신봉승의 조선사 나들이』에서는 이러한 남녀간의 본능적인 문제보다는 여자가 감히 남자의 '자리(同級)'와 대등하거나 그 위에 앉지 아니한다는 뜻으로 풀이해야 옳다고 기술하고 있다. 어찌 보면 이상의 두 가지 해석이 모두 맞는 것 같기도 하다.

내가 여기에서 묘한 상상력을 일으키는 대목은 왜 7이라는 숫자일까 하는 것이다. 뭐, 위의 해석대로라면 7세가 되면 남녀가 성적으로 성숙되었음을 암시하는 것인지, 아니면 7세부터는 사고력이 발달해서 사람의 일곱 가지 감정, 즉 기쁨(喜) 성냄(怒) 슬픔(哀) 즐거움(樂) 사랑함(愛) 악함(惡) 욕심냄(慾)의 칠정(七情)을 가슴속에 품을 수 있다는 것인지는 알 수가 없다.

이처럼 여성들에게만 가해지는 또 하나의 규범이 있다. 역시 7과 관계되는 것으로 '칠거지악(七去之惡)'이다. 이런 악례(惡例)는 여성(지어미)이 일곱 가지의 잘못을 저지르면 내쫓아도 된다는 남존여비의 극치라고 할 수도 있을 것이다.

    불순구고(不順舅姑) : 시부모와 사이가 나쁘고
    무자(無子) : 자식을 낳지 못하고
    음행(淫行) : 남편 이외의 남자와 통정하고
    질투(嫉妬) : 질투심이 남다르고
    악질(惡疾) : 고질병을 앓거나
    구설(口舌) : 남의 입에 오르내리고
    도절(盜竊) : 도둑질을 했다.

이와 같이 7항 중에 한 가지만 해당되어도 아내는 남편에게 쫓겨나야 한다는 것이다. 글쎄, 요즘 같으면 이혼사유가 되는지는 법률적인 지식이 모자라서 알 수 없는 일이지만 어쨌거나 좀 심하다는 생각이 드는 것은 사실이다.

그러나 아이러니컬한 사실은 이와 같이 7거(七去)의 이유에 해당된다 하더라도 내쫓지 못하는 세 가지 사유를 장치해놓고 있다. 그게 바로 '삼불거(三不去)'라는 것이다. 참으로 재미있는 일이다. 어떻게 보면 제척(除斥)사유가 될지라도 이럴 경우에는 물리칠 수 없다는 것이다. 여성들이 그 악에서 구제될 수 있는 방법이다.

첫째로, 결혼을 할 당시에는 가난했으나 그 후 생활의 안정을 가져와서 부자로 가세를 키웠다면 내쫓지 못한다. 여성의 노고와 내조를 최대한 인정하는 것이라고 할 수 있다.

둘째, 부모의 삼년상(三年喪)을 함께 모셨다면 내쫓김을 당하지 않는다. 이는 효행을 우선으로 한다는 항목이다. 옛날 내 어렸을 때만해도 상청(喪廳)에 혼백을 모셔놓고 하루 세 끼마다 상식(上食)을 살아있는 사람과 똑같이 올려야 하고 초하룻날과 보름에는 삭망제(朔望祭)라 하여 제사를 올렸다.

요즘은 삼일장(三日葬)으로 간단하게 장례를 치르고 49재(四十九齋)만 끝나면 그만이지만, 그때는 1주기에 소상(小祥), 2주기에는 대상(大祥)이라 하여 제사를 장례식 못지않게 지내는 번거

로움을 며느리가 감당하지 않으면 안 되었다. 이런 고통을 감수한 아내를 내쫓을 수 없다는 것이다.

셋째, 내쫓겨도 갈 곳이 없으면 내쫓지 못한다는 것이다. 참으로 인도주의적인 면을 볼 수 있다. 여권이 신장된 현대사회에서도 상상할 수 없는 일이다. 이처럼 칠거지악의 요소를 범했더라도 삼불거라는 장치를 통해서 결국 여성을 보호했다면 이 칠거지악은 여성들이 이런 항목을 경계하라는 법도의 의미로 보아야지 무조건 악에 연루된 여성을 내쫓는다는 것은 아닌 성싶다.

지금은 여성 상위의 시대이다. 남녀 동석(同席)에서 진일보하여 여성들의 사회 참여가 현저하게 늘어나고 있다. 여성 대통령에다 여성 국무총리, 여성 장관, 여성 국회의원, 여성 회장 등 다양한 포지션을 담당하고 있다. 이제 왜 여성들에게만 가혹했느냐는 우문(愚問)은 고전이 되고 말았다.

> 성님성님 사촌성님 시집살이 어떱디까
> 애고애고 말도마라
> 고초당초 맵다지만 시집보다 매울소냐

여성은 좋은 남편 만나서 시집을 가고 또 자식을 분만하는 고통도 따른다. 옛날 여필종부(女必從夫)의 케케묵은 시집살이도 많은 변화를 가져왔다. 여성들이여 힘을 내시라.

(2009. 2.)

이등박문이가 열십자로 뻗었다

　1950년도에 내가 국민학교(초등학교)에 입학했으니까, 일본 강점에서 해방된 지 5년째이며 6·25사변이 일어난 해이다. 그때 우리 꼬맹이들은 일본을 욕하는 숫자풀이의 이런 노래를 자주 불렀다.

1. 일본놈
2. 이등박문이가
3. 삼천리강산을 둘러 마시려다가
4. 사자를 만나서
5. 오사(誤死)할 놈이
6. 육혈포에 맞아서
7. 칠십 먹은 늙은이가
8. 팔딱팔딱 뛰는데
9. 구둣발로 힘껏 차버렸더니

10. 십리 밖에 떨어져 열십자로 뻗었다

그 당시 이러한 숫자노래가 아이들 사이에 입에서 입으로 전해진 것은 일제하의 무서운 항일정신이 내포되어 있다. 이 노래는 1905년 11월 17일, 일본 통감 이토 히로부미(伊藤博文)가 군대를 동원하여 궁궐을 포위하고 을사오적(乙巳五賊: 박제순, 이지용, 이근택, 이완용, 권중현)과 함께 을사보호조약을 체결하여 일본이 우리나라를 강제로 통치하게 된 원흉 이등박문에 대한 저항의 의미가 담겨 있다.

우리 대한제국은 독립국가로서의 지위를 잃게 되고 일본의 보호국이 되었다. 그 후 이등박문은 만주 하얼빈 역에서 안중근 의사가 쏜 총탄에 쓰러졌으나 1910년 8월 29일, '대한제국에 대한 일체 통치권을 완전히 동시에 영원히 일본에게 양도한다'는 내용의 한일합방조약을 매국노 이완용과 체결한다.

이로써 이성계가 조선왕조를 세운 이래, 27대 519년 만에 망국의 서러움을 맞았다. 우리는 8월 29일을 '국치일'로 정해서 국가의 치욕을 잊지 않고 있다.

이등박문 이야기가 길어졌다. 이러한 우리의 민요나 가사들은 본시 사람들 마음에서 자연적으로 발생하는 것인데 숫자를 가지고 노래하는 것을 수요(數謠)라고 한다. 이 수요는 수를 셀 때 소리 내어 세다가 노래로 변형되는 경우도 있지만, 구전되는 흥겨운 일종의 놀이로 발전되었다.

그러나 가사는 일관성이 없는 경우가 많고 음만 강조하여 의미가 없는 경우도 많다.

1. 일도 없는 할머니가
2. 이집 저집 다니면서
3. 삼년이면 다된다고
4. 사살질만 하더니
5. 오살이 잡탕놈이
6. 육혈포를 들고
7. 칠거득 치려할 때
8. 팔도강산이 제거라고
9. 구석구석 쳐다니면서
10. 싯뻘건 거짓말만 하더라

그냥 동네방네 돌아다니면서 사살질만 하는 할머니를 비꼬는 가사이다. 그러나 임금이 미복(微服)으로 민정을 탐색하다가 들은 동요는 백성들의 마음일 수도 있었다.

일조정(一朝廷)
이원군(二院君)
삼각산(三角山)에
사지(死地)로다
오백년(五百年) 못되어
육판서(六判書) 서름지고
칠도(七道)에 흉년지고

팔자(八字)좋은 정도령
구중궁궐(九重宮闕) 구경차로
십자가(十字街)에 왕래해.

한편, 관직과 중국의 역사와 고사(故事)를 엮은 수요도 있다.

일 검참사 한태조(漢太祖)
이 군불사 제왕촉(齊王觸)
삼 국명장 제갈량(諸葛亮)
사 면충돌 조자룡(趙子龍)
오 간참상 관운장(關雲長)
육 국통합 진시황(秦始皇)
칠 년대한 은성탕(殷成湯)
팔 척장신 초패왕(楚覇王)
구 세동거 장공예(張公藝)
십 년지절 한소무(漢蘇武) 백년천손 곽자의(郭子儀).

(2009. 1.)

하루도 숫자 없이는 살 수 없다

 우리는 하루도 숫자 없이는 살아갈 수 없다. 아침에 눈뜨면서 시계를 쳐다보고 달력을 쳐다보는 습관이 있다. 오늘이 며칠이냐에서부터 몇 시에 집을 나와 몇 번 버스를 타고 또 몇 호선의 지하철로 바꾸어 타서 몇 번 출구로 나와 출근하는 등의 수(數)와의 동거는 필수라고 할 수 있다.
 아마도 수를 세고 계산하는 일은 원시시대에도 있었을 것이다. 그들도 잡은 물고기나 기르는 짐승, 따온 나무 열매 등 물건의 수를 세어서 나누는 일까지 모두 수와 연관이 되지 않는 것이 없다.
 그래서 아직 유치원에 들어가기도 전에 숫자 쓰기와 수 세기를 가르치지 않으면 안 된다. 산수(算數: 나는 '셈본'이라는 책으로도 배웠다)를 익히고 수학(數學: 여기서부터는 대수(代數), 기하(幾何), 미분적분(微分積分), 피타고라스의 정리까지 복잡한 학문으로 이어진다)을 공부해야 한다.

숫자의 계산에는 덧셈, 뺄셈, 나눗셈도 중요하지만, 구구단을 외우는 곱셈의 방법을 빼놓고는 말할 수 없다. 2×1=2부터 시작해서 9×9=81까지 '이일은 이, 이이는 사… 구팔 칠십이, 구구 팔십일' 이런 방식으로 줄줄 외워야 하고 실제생활에 응용해야 한다.

우리의 고전 『흥부전』에도 '구구풀이'라는 대목이 있는 것을 보면 옛날에도 구구단이 있었나? 후대에 우리 소리꾼들이 흥에 곁들인 게 아닌가 싶다.

　　구구팔십 일광로는 정송자를 찾아가고
　　팔구칠십 이태백은 채석강에 완월(玩月)하고
　　칠구육십 삼천선자 학을타고 노라있고
　　육구오십 사오선은 상산에 바둑두고
　　오구사십 오자서는 동문상에 눈을걸고
　　사구삼십 육수무는 전국적의 사절이요
　　삼구이십 칠육구는 보국충정 갸륵하고
　　이구십 팔진도는 제갈량의 진법이요
　　일구 구궁수는 하도락서(河圖洛書) 그 아닌가

이러한 숫자는 산수(또는 산술(算術))의 근원으로 우리의 생활에 필요한 모든 수와 양에 관한 간단한 성질 및 셈을 다루는 기초가 된다. 그러나 이 숫자를 읽을 때와 셈을 셀 때는 다르게 나타나서 우리 조상들의 지혜를 엿보게 한다.

숫자 1, 2, 3 … 10, 100, 1000, 10000 등을 읽을 때는 일, 이, 삼 … 십, 백, 천, 만, 십만, 백만, 억, 십억.(그 위에 몇 조, 몇 경, 몇 해까지 있다고 함) 등으로 읽지만 수를 셀 때는 하나, 둘, 셋, 넷, 다섯, 여섯, 일곱, 여덟, 아홉, 열, 스물, 서른, 마흔, 쉰, 예순, 일흔, 여든, 아흔, 백으로 세고 있는 것이다.

또한 물건을 셀 때는 한 개, 두 개, 세 개, 네 개라고 해서 받침을 빼거나 합성어로 변형되어 세는 다섯 개부터는 여섯, 일곱하고 제대로 세고 있음도 특이하다.(다만, 스물 개는 스무 개라 함) 이런 음법을 따른다면 엿 개, 곱 개, 덟 개, 홉 개, 열 개 라고 편법을 써서 세는 것도 재미있을 법하다.

1일은 24시간이다. 이는 또 밤과 낮으로 12시간씩 나누어져 있다. 옛날에는 하루를 자(子) 축(丑) 인(寅) 묘(卯) 진(辰) 사(巳) 오(午) 미(未) 신(辛) 유(酉) 술(戌) 해(亥)시라해서 12시간으로 나누어 생활한 적이 있었다. 하루 24시간을 2시간씩 12등분한 것이다. 자시(子時)는 밤 0시에 해당하고 오시(午時)는 낮 12시를 말한다.

요즘도 낮 12시를 정오(正午)라 하고 오전을 상오(上午), 오후를 하오(下午)라고 말하는 사람들이 있다. 이는 오시(오전 11시부터 오후 1시까지, 그러나 중간인 낮 12시)를 기준으로 해서 그 이전을 상오(오전), 그 이후를 하오(오전)라고 하는 것이다.

이렇게 30일(큰 달은 31일)이 모이면 1개월(한 달)이 되고 12개월이 모이면 1년(한 해)이 된다. 다시 1년은 4계절(春夏秋冬)로 나누어져서 1년 365일 내내 우리들의 생활과 밀접한 관계를 가지고 있다.

우리 조상들은 농경시대에 4계절도 모자라서 24절기(節氣: 節侯라고도 함)로 세분해서 그 절기에 따라 파종을 하거나 수확을 하고 나아가서는 더위와 추위 등의 기후까지도 예상하게 되어 농업이나 어업 등에서는 아직도 없어서는 안 되는 시간과의 관련이다.

이 24절기는 태양의 황도상(黃道上)의 위치에 따라 정해진 1년의 음력 절기이다. 15일 단위로 바뀌는 그 명칭을 살펴보면 입춘(立春) 우수(雨水) 경칩(驚蟄) 춘분(春分) 청명(淸明) 곡우(穀雨)(이상 봄 절기) 입하(立夏) 소만(小滿) 망종(芒種) 하지(夏至) 소서(小暑) 대서(大暑)(이상 여름 절기) 입추(立秋) 처서(處暑) 백로(白露) 추분(秋分) 한로(寒露) 상강(霜降)(이상 가을 절기) 입동(立冬) 소설(小雪) 대설(大雪) 동지(冬至) 소한(小寒) 대한(大寒)(이상 겨울 절기)이다.

이처럼 음력 절기이지만 춘분(3월 21일~23일경), 하지(6월 21일~23일경), 추분(9월 21일~23일경), 동지(12월 21일~23일경)는 양력 날짜에 든다는 특성이 있어서 어쩌면 양력과 음력의 조화도 고려해서 만들어진 달력이 아니겠는가하는 점이 아이러니컬하다. 시간은 하루도 우리와 따로 살 수 없는 무형의 고귀한 존재임에 틀림없다.

(2009. 1.)

각설이도 숫자로 풀었다

　몇 년 전 대학로에 김시라 시인이 있었다. 그는 한창 나이에 타계했지만, 시인이기 전에 소리꾼으로 명성을 얻은 품바 1세대였다. 그는 직접 품바 전용 소극장을 운영하면서 품바타령을 멋지게 읊어 세태를 풍자하고 관객들에게 웃음과 함께 통쾌한 메시지를 선사하였다.
　이 품바타령은 일명 각설이타령이라고 하는데 시작하는 그 가락이 먼저 이러하였다.

　　　어헐씨구씨구 들어간다 저헐씨구 들어간다
　　　작년에 왔던 각설이 죽지도 않고 또왔네
　　　아주머니 보니깨내 반갑소 할머니 보니깨내 즐겁소

　이렇게 시작되는 품바타령은 각설이라는 허구 인물로 분장해서 세태와 사회상을 비판하기도 하고 서민들의 애환을 노래와 춤으로 한판 굿을 벌이는 것이다. 여기에서 눈여겨보아야 할 대목이 숫자와 관련된 일종의 수요(數謠)라고 할 수 있다.

    일자한장 들고보니 일월이 송송 해송송 밤중새벽 여전하다
    이자한장 들고보니 팔도기생 의암이는 진주남강 떨어졌네
    삼자한장 들고보니 삼동가리 놋철때 경상감사 놀음할 때 촛불이나 밝힐까
    사자한장 들고보니 사현신님 가는길에 점심참이 늦어왔네
    오자한장 들고보니 오관참장 관운장이 적토마를 집어타고 제갈선생 찾아가네
    육자한장 들고보니 육군대장 김영일이 팔도짚고 헤엄친다
    칠자한장 들고보니 칠년대한 가물음에 백두산에 비가불어 만인간이 좋아한다
    팔자한장 들고보니 우리형제 팔형제가 한서당에 글읽어서 과거하기 힘을 쓴다
    구자한장 들고보니 구월이라 구인날에 강남제비 돌아간다
    장자한장 들고보니 장한솔에 범이들어 일등포수 다쏘아도 범한마리 못잡고 꿩잡기만 힘쓰는 데 눈먼포수 범잡았네
    품마품마 자리헌다 어헐씨구 자리헌다

이 각설이타령은 옛날에 문전걸식하는 거지들이 한 푼의 동냥을 하기 위해 타령 한 곡조로 인사를 하고 주인의 동의를 구하는 형식이다. 그냥 불쑥 나타나서 '한 푼 줍쇼'가 아니라, 이처럼 멋있는 광경을 연출하여 적선을 구하는 것이다. 이러한

구걸의 한 방법은 얼마나 애교 있는 일인가.

　우선 이 각설이타령은 1, 2, 3의 숫자음을 따라 해학적으로 부르는 노래지만, 그 곡이 경쾌하고 흥이 있어서 듣기도 좋을 뿐만 아니라, 가사도 멋진 데가 많다. '이 각설이 이래뵈도 정승판서 자제로서 팔도감사 마다하고 돈 한 푼에 팔려서 각설이로 나섰다네'라는 가사로 보아 긍지와 자존심을 버리고 돈 한 푼 얻는 재미로 이 노릇을 한다는 것은 애교가 넘치고 웃음이 가득하다. 또 이 가사 중에는 '한발돋친 허수아비/ 두발돋친 까마귀/ 세발돋친 삼족오/ 네발돋친 당나귀/ 지리구지리구 잘헌다 품바하고도 잘헌다.'라는 숫자와 연관된 가사들이 많음을 알 수 있는데 숫자로 말을 만들어 재미를 더한 이런류의 가사는 '신재효본(申在孝本)' 『춘향십장가(春香十杖歌)』에서도 볼 수 있다.

　　　일지정심 잇사오니 이리하면 변할테오
　　　이부 아니 섬긴다고 이거 죠난 당티안쇼
　　　삼강이 즁하기로 삼가히 본바닷소
　　　사지를 찟드래도 사또의 처분이오
　　　오장을 갈나주면 오죡히 죳소이까
　　　육방하인 무러보오 육시하면 될터인가
　　　칠사즁의 업난 공사 칠때로만 쳐보시오
　　　팔면부당 못될일을 팔작팔작 뛰어보오
　　　구즁분우 관장되어 구진짓을 구만하오
　　　십발지목 멋자마오 십은 아니줄터이니

이렇게 우리의 민요나 사설들은 구전되거나 혹은 노래로 불러져서 전해오고 있다. 그러나 지금은 극장 무대에서 특별히 공연되는 것을 제외하면 누구나 어디든지 쉽게 접할 수 없는 아쉬움뿐이다.

김시라 시인의 품바도 몇 대로 전승되었으리라 생각되지만 지금은 상설 공연장이 있는지도 알 수 없고 춘향가 판소리 공연도 들어본 지가 너무 오래인 것 같다. 오랜 세월 서민들과 가깝게 흥을 돋우어서 우리 민족의 정서가 살아 숨 쉬는 민요나 가사들을 보존하는 방법은 없을까.

(2008. 12.)

화장실에도 문화가 있다

 화장실에도 문화가 있다? 하기사 자동차 문화, 등산 문화, 음식 문화, 다방 문화, 놀이 문화, 여행 문화, 낚시 문화 등등 요즘처럼 문화라는 용어가 하도 유행으로 불리니까 그러하겠지만, 화장실 문화는 어쩐지 좀 어색한 느낌이 든다. 아마도 이러한 문화의 개념은 특정한 행위에 대해서 그 행위를 수행하는 방법이나 방식을 말하는 매너(manner)쯤에 해당하는 게 아닌가 싶은데 언제부터인가 문화라는 말로 바뀌어 있었다. 매너는 예의라는 뜻도 포함되어 있다.

 그러나 고속도로 휴게소 화장실에 들러본 사람들은 다 안다. '아름다운 사람은 머문 자리도 아름답습니다'라는 표찰을 살펴보면 이 글귀를 게시한 단체명이 '화장실문화시민연대'인 것에서 알 수 있듯이 '화장실 문화'는 어제 오늘의 이야기가 아닌 것 같다.

 이렇게 현대식 화장실로 변한 것은 현대 문명의 급속한 발전과도 무관하지 않겠으나 공중화장실 개량사업이 전국적으로 시행되어 깨끗하고 편리한 화장실 문화를 누리게 되었다. 옛날 내가 어릴 때에는 뒷간이라 해서 본채와 떨어진 곳, 행랑채 뒤쪽에 위치하고 있어서 밤중에 혼자 볼일 보러가기엔 무서워서 쩔쩔맸던 기억도 있다. 아주 어릴 적에는 엄마와 동행을 하고 엄마는 볼일이 끝날 때까지 바깥에서 등불을 들고 보초를 서야 했던 기억도 있다.

그 후 국민학생(초등학생)이 되었을 때, 여름방학을 맞아 읍내에 사는 내 또래의 이모 아들(이종 동생)이 우리 집에 놀러왔다. 밤이 이슥하도록 놀다가 새벽에 뒷간을 간다는 것이다. 도저히 혼자 보낼 수가 없어서 관솔불을 밝혀들고 내가 보초를 섰다. 마침 새벽달이 온 마을을 비추고 있어서 흥얼흥얼 동요를 불렀지만, 앞산에서 들리는 산짐승(나중에 알았지만 밤에 가끔 늑대가 운다고 했다.) 울음소리에 놀라서 주무시는 엄마를 깨웠던 소동도 기억한다. 그날 이후 그 동생은 무섭고 불편한 우리 집을 한 번도 다시 온 일이 없었다.

지금 통상적으로 화장실이라고 부르고 있으나 그 당시에는 '똥 뒷간'이 아닌 '변소'라는 이름으로 대소변을 해결하는 중요한 역할을 했다. 시골 똥뒷간은 밑닦개가 없어서 지푸라기로 처리하는 일도 있었고 똥돼지의 중요한 먹이로 해결하는 방법도 있었다.

이 통칭 변소에 대해서 금성교과서에서 발행한 국어사전에는 변소(便所)를 대소변을 배출하기 위한 시설. 뒷간, 정방(淨房),

측간(厠間)이라 하고 화장실은 변소의 미칭(美稱)이라고 표기하고 있다. 이 변소를 중국에서는 측소(厠所), 일본에서는 오수세(お手洗), 미국에서는 토일렛(toilet)이라고 하고 또는 화장실을 왓쉬 룸(wash room) 혹은 드레싱 룸(dressing room)이라 해서 세수를 하거나 진짜 화장을 하면서 옷을 매만지는 장소로 사용했던 것 같다. 언젠가 한때는 화장실을 W. C(water closet)라고 해서 '와싱톤 칼리지(워싱톤 대학)'이니 '나홀로 다방'이라고 이칭(異稱)을 즐겨 불렀던 때도 있었다.

우리의 각 사찰에서는 화장실을 해우소(解憂所)라고 부르는데 그 뜻이 '근심을 푸는 장소'이다. 모든 근심 걱정은 여기에서 풀어버리는 해결의 성스러운 장소이기도 하다.

우리의 화장실 문화는 이제 선진국에 다다랐다. 외국 여행을 다녀보면 아직도 공중화장실의 개량사업이 이루어지지 않은 나라가 수두룩하다. 특히 저개발국가나 후진국에서는 우리 60년대의 모습을 다시 보는 것 같은 측은함도 엿볼 수 있었다.

한편 우리말에는 변소에 관한 속담과 같은 격언이 전해오고 있는데 대충 다음과 같이 말하고 있어서 많이 회자(膾炙)되기도 한다.

뒷간에 갈 적 말 다르고 올 적 말 다르다: 자기에게 긴할 때는 다급하게 굴다가 제 할 일 다 하면 말이 달라진다.

뒷간과 사돈집은 멀어야 한다: 뒷간이 가까우면 냄새가 나듯이 사돈집이 가까우면 말썽이 일기 쉬우므로 그것을 경계하는 말.

이처럼 우리 생활과 밀접한 화장실 이야기가 많지만, 화장실 가기 전에 온갖 감언(甘言)으로 회유(懷柔)를 해서 도모하는 일이 성공하면 그 이후의 언행과 태도가 180도로 바뀌는 부류의 인간들에 대한 하나의 경종을 말하고 있다. 현실적으로 많이 경험할 수 있는 삶의 한 단면이다.
　언젠가 공중화장실이 개량되기 전에 연세대 건너편 화장실(지금은 개량해서 아주 깨끗하게 정돈되어 있음)에 일을 보기 위해 들렀다가 문짝에 씌어진 낙서를 읽고 웃음을 금치 못한 일이 있다. '신은 죽었다. 니이체'라고 점잖게 '짜라투스트라는 이렇게 말했다' 중의 한 글귀를 옮겨 놓았다.
　다음 날 또 들렀더니 '니체 너는 죽었다. 神'이라고 니이체의 언설(言說)에 대해서 신(神)이 반격하는 대구(對句)를 해놓았고 그 다음 날에는 '☆너거 둘 다 잡히면 죽었다. 청소부 아줌마'라고 화장실의 낙서에 대한 '청소부 아줌마'의 마지막 경고성 대구를 읽을 수 있었다. 아아, 얼마나 지적인 낙서인가. 아마도 글씨로 보아서 한 사람의 창작(?)일 테지만 화자(話者) 세 명이 교대로 언급한 언어의 유희(遊戱)는 걸작에 속한다.
　화장실의 문화는 무조건 깨끗하게 이용하는 매너에 있겠으나 가정 화장실이 아닌 공중의 경우는 옛날처럼 낭만적인 요소는 사라진 지 오래다. 현실은 무조건 편리하고 신속한 생존경쟁의 일단으로 문화라는 언어가 포장하고 있음을 알 수 있다.

고요한 밤 물고기가 달을 읽었다
- 靜聽魚讀月

　법보종찰 해인사는 내 고향 합천의 고즈넉한 가야산에 정좌(靜坐)하고 있다. 이곳 해인사는 어릴 적부터 많이 다녀본 절이다. 근래에 와서는 문학기행이나 문학 심포지엄 때 여기를 방문하고 참배한 일이 있을 뿐, 자주 와보지는 못했다.
　몇 년 전에 늦가을에 합천읍내 어떤 문학행사에 참석하고 만난 진각 스님이 율원에 계셔서 그의 안내로 절간 곳곳을 두루 살펴본 일이 있었다. 먼저 대적광전 비로자나불 큰 부처님께 삼배하고 '법보종찰 해인사는 불보사찰인 양산 통도사와 승보사찰인 송광사와 더불어 우리나라 3대 사찰인데 해인사는 한국 화엄종의 근본도량이자 우리 민족 믿음의 총화인 팔만대장경을 모신 우리 정신의 귀의처이며 이 땅을 밝히는 등불'이라는 진각스님의 설명을 토대로 해인사에 대하여 관심을 두고 살펴보게 되었다.

나는 잠시 성철스님이 열반하신 '퇴설당'을 돌아보고 성철스님의 법문 '산은 산이요 물은 물이로다'라는 낭랑한 음성이 들리는 착각에 젖어보기도 했다. 그 설법에 감동한 많은 불자나 스님들이 이곳을 방문하고 그의 숭엄한 불교사상과 신행을 느낀다는 설명에 숙연해지기도 하였다.

해인사는 신라시대에 화엄종의 정신적인 기반을 확충하고 선양한다는 기치로 화엄십찰(華嚴十刹)의 하나로 세워졌다고 한다. 이 화엄종의 근본 경전인 화엄경은 4세기 무렵에 중앙아시아에서 성립된 대승 경전의 최고봉으로서 본래 이름은 대방광불화엄경(大方廣佛華嚴經)이었다.

동양 문화의 정수(精髓)라고 일컬어지는데 이 경전에 해인삼매(海人三昧)라는 구절에서 해인사(海印寺)라는 이름은 바로 이 '해인삼매'에서 비롯되었다고 한다. 이 해인삼매는 있는 그대로의 세계를 한 없이 깊고 넓은 큰 바다에 비유해서 거친 파도 곧 중생의 번뇌 망상이 멈출 때 비로소 우주의 다양한 참된 모습이 그대로 물 속(海)에 비치는(印) 경지를 말한다는 설명이다.

이렇게 여실(如實)한 세계가 바로 부처님의 깨달음의 모습이며 우리 중생의 본래 모습, 이것이 곧 해인삼매의 가르침이라고 진각스님은 열변을 토한다. 이러한 정신을 바탕으로 해서 해인사는 해동 화엄종의 초조(初祖) 의상대사(625~702)의 법손인 순응(順應) 화상과 그의 제자인 이정(理貞) 화상이 신라 제40

대 애장왕 3년(서기 802년 10월)에 왕과 왕후의 도움으로 지금 대적광전 자리에 창건하였다.

이 화엄종은 개화기를 맞던 신라시대를 거쳐 해인사를 중심으로 희랑대사를 위시하여 균여, 의천과 같은 뛰어난 학승들을 배출하기도 했다. 이곳 해인사는 한국불교의 성지이며 세계문화유산 및 국보 보물 등 70여 점의 유물이 보존되어 있어서 국내 사찰로 명산인 가야산 자락에 위치하고 있다.

가야산을 뒤로 하고 매화산을 앞에 두고 있어서 그 웅장한 모습과 주변 경관이 어우러져 경의로울 뿐만 아니라, 송림과 산사가 겨울에 연출하는 설경은 신비경에 가깝다는 참배객이나 관광객들의 감탄이다.

    합천 해인사 가는 길 초입부터
    滅道의 바람이 곡선을 그린다
    大寂光殿 부처님께
    백 팔 배를 하고도 풀 수 없었던
    화두 하나 오늘 제몸 감싼다

    절간 解憂所에 앉아
    근심 한 덩이 떠나보냈다
    툭, 저승에 닿았나보다
    나무 마하반야바라밀
    비로소 영과 육의 화해를 보았다

문득 울리는 범종 소리 여운 멀다
성불하소서 성불하소서
解脫의 구름 한 무리 산을 넘다말고
무진장의 시간만
이승에서 분해하고 있었다.

여기에서 졸시 한 편을 읽지 않을 수가 없었다. 졸시 「餘白詩・59」의 전문이다. 진각스님과의 인연은 그가 편집하던 『海印』이란 잡지에 산사방문기라는 수필을 한 편 청탁받고 그 글이 수록되면서 더욱 친분을 갖게 되었는데 그와는 불교와 절간 이야기, 수행 등에 대한 이야기와 문학에 대한 담론을 많이 했다.

그가 갑자기 '청산불묵(淸算不墨) 천추화(千秋畵)요, 녹수무현(綠水無絃) 만고금(萬古琴)이라'라고 시 한 수를 읊조린다. '푸른 산은 먹물이 없어도 천년을 가는 그림 한 폭이요, 푸른 물은 거문고 줄이 없어도 만 년을 흐르는 거문고'라는 명시를 들려주고 있다.

이러한 창사(創寺)정신의 바탕 위에서 지금까지 수행정진해온 해인사에는 팔만대장경이 보관되어 있다. 해인사 장경판전은 13세기에 만들어진 세계적 문화유산인 고려 대장경판 8만여 장을 보존하기 만든 판전으로 해인사 경내에 있는 건물 중 가장 오래된 건물이다. 통풍의 원활, 방습의 효과, 실내 적정 온도의 유지, 판각의 진열 장치 등이 매우 과학적이며, 합리적으로 되어 있는 점은 대장경판이 지금까지 온전하게 보존되어 온 중요한 이유 중의 하나라고 평가받고 있다. 해인사 장경판전은 1995년 12월 유네스코 세계문화유산으로 등재되었으며 팔만대장경은 2007년 6월 유네스코 세계기록문화유산으로 등재되었다.

진각스님을 따라 한 바퀴 돌면서 만난 어느 주련에 걸려있는 '靜聽魚讀月(정정어독월)'이라는 시구(詩句)를 발견하고 쾌재를 불렀다. 아아, '고기가 달을 읽는 소리가 고요한 이 밤에 들린다'. 는 한 줄의 시구는 누군가 대시인인 고승이 작시한 것인지도 모르겠다.

해인사 입구에는 창건 식수로 심어졌던 나무가 1,200년의 장구한 세월을 견디다가 1945년에 수령을 다하고 이제는 둥치만 남아서 해인사의 역사와 함께 서 있다. 일주문 지나 봉황문, 해탈문을 지나면서 다시 우리나라 불교 역사의 오묘한 진실과 해인사의 정경에 매료(魅了)되고 말았다.

진각스님과 작별하면서 '다시 尋牛圖를 보았다/ 하필이면 왜 소였을까/ 소를 찾아 소를 타고 돌아오는 길/ 어디서도 풀피리 소리는 들리지 않는다/ 문득 소도/ 없어지고 나도 보이지 않았다/ 영혼과 육신이 混沌으로/ 大路에 그냥 서있다/ 본래 나를 찾는 일은 허사였다/ 나무관세음보살.'이라는 자작시를 되뇌이고 있었다.

(2013. 11. 조계사불교대학 리포터)

낮말은 새가 듣고 밤말은 쥐가 듣는다

 우리 속담에 있는 말이다. 결론적으로 말을 조심하라는 경고성이 담겨져 있다. 옛날 낙동강 전투가 막바지로 치달을 때 우리 동네에는 한바탕 소란이 벌어졌다. 쌕쌕이의 폭격이 무서워서 밤에 불도 켜지 못한 채 모두들 숨죽이고 있는데 갑자기 윗마을 박서방집에서 울음소리가 터져 나왔다.
 아버지가 외출했다가 돌아오자 어머니가 그 사연을 물었다. 한 마을에서 두 명씩 뽑아서 군대 보급품을 낙동강까지 우리 아군에게 전달하는 책무를 박서방이 맡게 되었다는 것이다. 마을 이장과 어른들이 모여서 제비를 뽑아 결정하고 내일 날이 밝으면 박서방에게 정중하게 양해를 구하기로 했는데 오늘 그 결정사항이 정식으로 통보도 하기 전에 누군가가 미리 일러 바쳤다는 것이다.
 전투에 사용할 탄약과 쌀 등 필요한 물건을 무사히 전달만

하고 돌아오면 될 일인데 거기에 차출되면 마치 전쟁터에서 죽는 것으로 착각하고 '왜, 하필 우리 남편이냐? 왜, 우리 아버지냐?' 그 집은 초상집 같은 분위기에서 대성통곡을 하면서 우왕좌왕의 밤이었다.

아버지는 온 가족들에게 경고했다. '낮말은 새가 듣고 밤 말은 쥐가 듣는다. 언제나 말조심하면서 살아야 해' 싸늘한 그 말을 지금까지 되새기면서 살아왔다. 말을 잘못 전해서 실수하거나 망신하는 일은 누구에게나 있을 수 있다. 그러나 자칫 말 전달에 거짓이 보태어지는 유언비어가 된다든지 꼬임으로 변한다면 또 다른 일로 확대될 수 있어서 서로 경계해야 한다는 교훈이라서 잊을 수가 없다.

우리 주변에는 이치에 맞지 않는 말(語不成說)을 하는 사람과 달콤한 말로 남을 꾀는(甘言利說) 사람과 말뿐이고 알맹이가 없는(德音無良) 경계해야 할 사람들이 많이 있다. 그러나 지성적인 언어로 교양과 덕담을 전해주면 그 진실을 이해하고 느끼는 계기가 되는 것은 당연하지만, 어쩐지 유구무언(有口無言)일 수밖에 없는 상황이 많아지는 현실이다.

옛날에 작자 미상씨가 남긴 시조에서 '말하기 좋다하고 남의 말을 말을 것이/ 남의 말 내 하면 남도 내 말 하는 것이/ 말로써 말 많으니 말 말을까 하노라'라는 말은 예전이나 지금이나 말 많이 해서 구설에 오르지 않는 일이 없는가 싶다. 말을 잘하면 천 냥 빚도 갚는다는 우리 속담도 있지만, 말은 우리 일상생활에서 대단히 큰 영향을 미칠 수 있어서 조심하지 않으면 안 된다.

또한 꼭 필요한 말은 전달하되 해서는 안 될 말은 삼가야 한다. '발 없는 말이 천리를 간다(無足言飛千里).'거나 '소더러 한 말은 안 나도 아내한테 한 말은 난다(言牛則滅語妻則洩).'는 옛말에서도 알 수 있듯이 아무리 친한 사이에서 한 말이라도 세어 나가기 때문에 나는 지금도 아버지의 경고를 명심하고 있는 것이다.

(『문학의 집·서울』 2015. 11.)

방랑시인 김삿갓의 해학

　김삿갓의 본 이름은 김병연(金炳淵)이다. 자(字)는 성심(性深)이고 호는 난고(蘭皐)이다. 그러나 이 세상 누구도 그를 본명이나 자, 호를 부르는 사람이 없고 그냥 김삿갓이라고 하거나 삿갓 립자를 써서 김립(金笠)이라고만 부른다.
　그것은 한 평생을 삿갓을 쓰고 다녔기에 붙여진 이름으로 방랑하는 시인에게는 썩 잘 어울리는 이름이다. 또한 삿갓은 햇볕을 가려줄 뿐만 아니라 날이 궂으면 비를 막아주기도 하려니와 깊숙이 얼굴을 가리고 하늘과 사람 대하기를 무척 꺼려했다는 표징이기도 하다.
　김삿갓이 아닌 김병연은 왜 일생을 떠돌이로 전국을 누비며 시만 지었을까. 이 불운의 한 시인을 알기 위해서는 역사의 뒤안에 묻혀 있는 그의 조부 김익순(金益淳)의 발자취를 더듬어 보아야 한다.

순조 11년(서기 1811년)에 서북부 지방에서 홍경래가 주동한 난동이 벌어졌다. 나라에서 이곳 출신 인재를 등용하지 않는 등 서북지방을 차별대우한다는 불만이 폭발한 것이다. 난군(亂軍)은 일시에 가산을 점령하고 곽산, 정주, 선천, 용천, 태천, 박천 등이 난군의 수중에 들어갔다.

　이때 김삿갓의 조부 김익순은 선천부사였는데 난군이 쳐들어 오자 굴복하고 난군이 주는 벼슬을 받았다. 아마도 죽음이 두려워서 행동한 것이다. 그러나 그의 죄는 면할 수가 없었다. 그에게 체포령이 내려지고 죄상(罪狀)의 조사가 시작되자 김익순은 홍경래의 최고 참모인 김창시란 자의 머리를 잘라서 군문(軍門)에 나타나서 대죄(待罪)하였다. 적군을 죽였으므로 죄를 다소나마 감할 수 있으리라 생각했기 때문이다.

　그러나 어찌된 일인가. 김창시의 목을 벤 것은 김익순이 아니고 철산에 사는 조문형이라는 보고서가 날아왔다. 조문형이 김창시의 머리를 관군에게 비치고자 했으나 김익순이 천금을 주기로 약속하고 자기의 공으로 가장하였으나 약속한 돈도 주지 않았다고 했다. 김익순과 조문형을 대질시켰더니 김익순의 죄과(罪過)가 드러나고 말았다.

　김익순은 드디어 모반대역이라는 죄명으로 서대문 밖에서 사형이 집행되고 폐족(廢族)을 당하고 말았다. 이때 김삿갓은 나이 다섯 살이었다. 집안이 결단나자 그의 아버지 김안근은 병하, 병연 두 형제를 집안의 하인이었던 김성수에 맡겨 멀리 황해도 곡산으로 피신시키고 신분을 감춘 채 살게 하였다. 멸족의 화를 면하기 위한 방편이었다.

김삿갓 나이 스물두 살 되는 해 그는 고을에서 보는 향시에 나갔다.(어느 지방인지는 확인할 수 없다) 시제는 다음과 같았다.

"가산군수 정시의 충절을 논하고 선천부사 김익순의 죄가 하늘에 닿는 것을 탄식한다.(論鄭嘉山忠節死, 嘆金益淳罪通于天)"

김삿갓은 가슴을 펴고 시를 써내려갔다. 그중 마지막 한 구절만 보면 이렇다.

> 임금을 잃은 이 날 또 어버이를 잃었으니
> 한 번만의 죽음은 가볍고 만 번 죽어 마땅하리
> 춘추필법을 네 아느냐 모르느냐
> 이 일을 우리 역사에 길이 전하리.

김삿갓은 마음껏 붓을 놀렸다. 그는 장원급제를 했고 이 사실을 어머니에게 자랑했다. 그러나 어머니는 할아버지의 옛 일을 더 감출 수가 없었다. 이 말을 들은 김삿갓의 심정을 여기에서 적당히 표현하는 것은 적절하지 않다. 그의 어머니는 아들의 마음을 가라앉히려 했는지 스물두 살 때 장가를 보냈고 이어 손자도 보았다. 그러나 그는 마음을 잡지 못했다. 연민을 거듭한 끝에 그는 아무도 몰래 가족과 이별했다. 세상은 허무하고 원망스럽기만 해서 홀연 방랑의 길을 나서게 된 것이다.

그리고 많은 시를 남겼다. 그의 시에는 재치가 넘치고 파격적이거나 야유와 조소가 함께 깃들어 있다. 까다로운 한시(漢

詩)의 규칙을 깨고 자유자재로 읊는 시재(詩才)였다. 二十樹下三十客 四十家中五十食 人間豈有七十事 不如歸家三十食(스므나무 아래의 서러운 나그네에게 망할 놈의 마을에서는 쉰밥을 주누나. 사람으로서 어찌 이른 일이 있으리오. 차라리 집에 가서 설은 밥을 먹으리라).

그러나 뜻도 중요하지만 스무나무를 二十樹로, 서러운 나그네를 三十客으로, 쉬어버린 밥을 五十食, 이런 일을 七十事로 표기하여 그의 놀라운 재치를 엿보게 한다. 어느날 그는 어떤 집에서 주인장과 한창 담소를 나누는데 갑자기 하인이 나타나서 주인에게 "人良卜一 하오리까?" 하고 물으니 주인은 "月月山山커든…." 삿갓이 가만히 들어보니 대화가 심상찮아서 "丁口竹天이로다. 허허…." 하고 자리에서 일어섰다.

그 내용은 식사 때가 되어 밥상을 올리리까(食上) 했는데 주인은 이 친구가 가고 나거든(朋出), 삿갓은 가히 웃기고 자빠졌네(可笑)라고 응수했다는 것이다. 이를 글자 그대로 새기면 아무런 뜻이 없는데 두 자씩 합치면 이와 같은 재치가 나온다. 합자(合字)로 풀어야 통한다.

어찌보면 이런 재치나 해학은 그의 천재적인 시작법도 인정되지만 그의 일생의 불운을 분출하는 특이한 몸짓이라고 할 수도 있을 것이다. 그는 이 밖에도 시로써 혹은 문장으로써 많은 해학을 남겨서 지금까지 전해지고 있는 것이다. 강원도 영월군 김삿갓면 김삿갓리에 있는 '난고 김삿갓문학관'에 가면 그에 관한 다양한 자료들을 관람할 수 있을 것이다.

말장난인가, 언어유희인가

고금(古今)을 막론하고 글깨나 읽었던 사람(옛날에는 이를 일러 선비라고 했음)들이나 식자(識者)들은 자신의 글솜씨나 글을 배웠다는 인격의 과시를 위해서 글이나 말로써 회화(誨化)하는 일이 많았다. 이런 일 중에는 실제로 살아가는데 충전이 되기도 하지만 장난기가 섞이는 해악이거나 상대방을 야유하는 언어유희도 많이 있었다.

옛날에는 신언서판(身言書判)이라고 해서 신체적인 외관(外觀)도 중요하지만 그의 말솜씨와 글씨를 보고 그 사람의 됨됨이와 인격을 가늠하던 시절도 있어서 누구나 말하기와 글씨연습을 어릴 때부터 착실하게 가르치는 부모들이 많았다. 우리 동네 서당에서는 '공자왈 맹자왈' 우선 읽기를 중심으로 글을 가르치다가 붓으로 글씨 쓰기를 열심히 연마했던 기억이 난다.

나는 말솜씨가 기막히게 잘하는 친구를 알게 되었다. 그는 코미디언 못지않게 어떤 대화나 담론 중에서도 임기응변이나 기지로 상황을 대단히 잘 처리하는 그의 언변(言辯)에는 진실이 중심이었지만 더러는 해학이나 장난기도 섞여 있어서 모두들 웃고 넘어가는 일이 많았다.

그는 우선 시 두 편을 각 도별 사투리 버전으로 읽어주었다.

내 꼬라지 비기 실타고 갈라카모/ 내사마 더러버서 암말 안 코 그냥 보내 주꾸마/ 영변의 약산 참꽃/ 항거석 따다가 니 가는 길빠닥에 뿌리 주꾸마/ 니 가라카는 데 마다 나뚠 그 꼬슬/ 사부재기 뻬대발고 가뿌래이/ 내 꼬라지 비기시러 갈라 카믄/ 내사마 때리직이쁜다 캐도 안 울끼다.

(김소월 '진달래」 -경상도 버전)

한산섬 그게 머시다냐/ 달이 겁나게 발가부린 이 밤에/ 또 그게 머시다냐 수루에 혼자 앉아/ 이따만한 큰칼 허리춤에 꽉 차불고/ 허벌나게 깊은 근심에 잠겨부린 시방/ 워데서 거시기 한 가닥 피리 소리가/ 이로코롬 나으 애간장을 태워분가 잉.

(이순신 '한산도」-전라도 버전)

모두들 박수를 치면서 충청도, 강원도, 경기도 버전은 왜 안 하냐고 성화였다. 그는 더 있지만 오늘은 여기서 마친다는 것이었다. 그래서 마지막으로 전해준 것이 다음 문장과 같이 앞에서 읽으나 뒤에서 거꾸로 읽거나 똑 같은 내용의 문장, 재미 있는 도철어(倒綴語)를 들려주었다.

소주 만병만 주소
다시 합창합시다
다 큰 도라지일지라도 큰다
여보게 저기 저게 보여
자지만 만지자

다음에는 한자로 유희를 하는 사람은 김삿갓을 능가할 자가 없을 것이다. 그는 평생을 삿갓을 쓰고 전국을 방랑하면서 시주(詩酒)와 살았다. 그는 시뿐만 아니라 모든 사람들이 이목(耳目)을 집중할 수 있는 해학의 글을 남겼다. 그는 시도 해학적인 것 혹은 시사적인 고발성도 포괄하고 있다.

어느 동네에 들렀더니 초상이 나서 윗마을 친척에게 부고를 전해달라는 부탁을 받고 그 집에 도착해서 내민 부고장에는 '柳柳花花'라고 적혀 있으나 글자대로 해석하면 버들 유자 2개와 꽃 화자 2개라 버들과 꽃이 둘이라 도무지 무슨 내용인지 알 수가 없어서 간청하여 물었더니 '버들버들하다가 꼿꼿해졌다'는 것이니 곧 죽었다는 것이다.

그는 어느 시장 골목을 지나다가 쌀가게 주인이 사용하는 작은 됫박으로 손님을 속이는 것을 보고 '方口月三八'이라고 써서 사람들에게 보여 주면서 주인을 나무랬다. 그러나 그 뜻이 무엇인지 몰라서 설명해줄 것을 요청하니 옆에 서있던 노인의 지팡이를 뺏어서 그 글씨 위에 걸쳐 놓았다. 그 글은 '市中用斗

小'로 바꿔어 시중에 쓰는 됫박이 작다는 것을 문자로 표현한 것이라고 했더니 주인이나 손님 모두가 놀랐다.

한편 한자의 해석은 글자를 해체하여 보는 측자(測字)와 글자를 합쳐서 그 뜻을 이해하는 합자(合字)가 있는데 어느 날 노총각이 동네의 처녀를 사모하다 만나줄 것을 간청하였는데 그 처녀는 '籍'이라 적힌 쪽지를 내밀었으나 무슨 뜻인지 알 수가 없어서 서당 훈장에게 부탁해서 알았는데 측자 곧 파자(破字), 글자를 분해서 해석하였다. 분해했더니 대죽(竹), 올래(來), 이십(卄), 일(一), 날일(日) 그래서 그 뜻은 "대나무 밭으로 이십일일에 오라"는 것이어서 그날 만나서 좋은 일이 성사되었다는 고사(古事)가 있다.

이처럼 글자로 장난을 하거나 유희를 하는 것은 유머러스한 생활을 영위하기 위한 활력소가 될 수도 있겠으나 어쩌면 상대를 비아냥대거나 유언비어(流言蜚語)로 변질되는 행위는 삼가야 할 것이다. 요즘은 젊은 세대가 자주 사용하는 은어(隱語)나 반어(反語) 등이 핸드폰이나 컴퓨터에서 난무(亂舞)하는 형상은 우리가 우리말을 사랑하고 아름답게 다듬어나가야 할 사명에 직접 해당행위를 하고 있는 것 같아서 씁쓸하다.

3.
불망(不忘)의 그리운 인연들

월당 조경희 선생님과의 교감

- 월당 선생님과의 은혜로운 교감

아무래도 그의 아호 월당(月堂)보다는 조경희 선생님이 정겹게 들린다. 1987년, 어언 20여 년이 지나버린 시간의 무게 앞에서 조경희 선생님과의 은혜로운 교감이 나에게는 또 다른 삶의 연속을 채근하고 활력을 주입해주는 계기가 마련되었다.

예총에서 맺게 되는 인연의 끈은 이 세상과 인간과 거기에서 부수적으로 파생하는 삶과 문학과 내가 살아나가는 전체의 여건이 동승해 있었다. 그는 예총회장으로서 한국의 문화예술계를 책임지는 중요한 일익을 맡고 있었지만, 나는 이제사 밥벌이나 좀 할까 해서 입사한 신입사원이었다.

벌써 4주기를 맞는다. 이는 그가 한생을 수필문학에 바친 철학과 열정이 동시에 인생관으로 승화했다는 점과 한국의 예술 혹은 한국의 여성계에서 사라질 수 없는 거물로 존재한다는 우리 후학들 추모의 담론이 주제가 될 수밖에 없을 것이다.

그가 고려대병원에 입원했을 때 이숙 수필가의 연락을 받고 문병을 갔다. 영양가 높다는 죽이며 과일과 음료수를 사들고 병실을 들어갔으나 이미 문병객을 알아보지 못하는 병상의 노 문학가는 어쩐지 슬프기까지 했다.

나는 그와의 은혜로운 교감 몇 대목을 잊지 못한다. 예총에서 보필할 수 있는 기회가 많았지만 그의 더 넓은 지향적 대국민의 봉사를 위해서 국가의 부름을 받아서 영전함으로써 그 시간이 그리 길지 못했었음에도 불구하고(정확히 말하자면, 긴 시간을 업무수행 능력과 문학성 혹은 인간성을 확인받을 기회가 없었음) 한국수필가협회 시상식과 심포지엄 등 행사에 나를 불러서 진행 사회를 맡겼다는 것은 업무적으로 또는 인간적으로 인정을 획득했다는 증거였다.

이 세상을 살아가면서 참으로 기쁜 일이다. 그러나 호사다마(好事多魔)라고 했던가. 어떤 사람과 집단이 나를 흠집내기 시작했다. 왜, 수필가 중에서 사회를 맡기지 않는가라는 것이었다. 이런 일들이 계기가 되어 나는 한국수필가협회 회원으로 입회 등록을 마쳤다. 입회자격에는 다음과 같은 사연이 생성되었다.

1998년 1월에 나는 수필과 칼럼들을 사보와 잡지에 연재한 것들을 모아서 수필집 『지성이냐, 감천이냐』를 발간했다. 물론 이전에도 시집 이외에 수상집 형태의 책이 두 권이나 있었다.

대학로에 나가면 진실과 교감할 수 있는 문사 한 사람을 만날 수 있어서 좋다. 언제나 예의 바르고 순수한 정감의 시인 김송배(金松培)가 바로 그 사람이다.

내가 그와 만난 것은 벌써 10년이 지났다. 내가 예총회장을 맡고 있을 때 그가 사무직원으로 들어와서 함께 일을 보게 되었는데 그때 그는 이미 문단의 중견으로서 많은 시를 발표하는, 말하자면 잘 나가는 시인이었으며 시집도 여러 권 상재한 재원이었다. -중략- 이렇게 한 권의 책으로 묶다니, 진심으로 축하할 일이다.

그는 이와 같이 그 책의 '서문'을 하사했다. 이를 탐독한 그가 수필가협회 회원으로 추천하는 영광을 주었다. 그러나 나는 정식 수필가로 등단하지 않았기에 수락할 수 없다는 의견에서 그는 시인들도 시집을 2권만 출간하면 한국문협에 입회 자격을 주는 것과 같이 산문집 3권이면 충분한 자격이 구비된다는 것이었다.

이처럼 그는 배려의 정감을 나누어주고 있었다. 인간과 문학 모두를 신뢰하는 문단의 큰 어른이었다. 2005년 8월 5일 영면하신 그를 다시 되새겨보는 일은 의미가 깊다. 더구나 올해는 '조경희수필문학상'이 제정되어 후학들에게 창작의욕을 고취하고 그의 문학성과 명예를 기리는 한국문학사를 정리하여 그의 업적을 상찬하고 있다.

나는 그에 대한 회고담을 많이 들려주거나 집필을 한다. 2005

년 11/12월호 『한국수필』에 「회장님, 장관님, 이사장님」이란 글을 통해서 그와의 인연과 생활단면을 들려주었고 2008년 7월호 『문학공간』에서 '김송배 시인이 만난 문인들'이란 기획으로 「월당 조경희 수필가」라는 글에서 그를 조명한 바가 있다.

대체로 그의 문학적 공헌을 새기면서도 나와의 개인적 친분에서 오는 존경심과 그 주변(특히 한국수필가협회)의 잊지 못할 이야기들이 주를 이룬다. 그가 평소에 나에게 격려하는 일은 험난한 이 세상과 충돌하면서 극복하는 메시지로 받아 들여졌다.

그는 나의 직무수행 능력과 그 와중에서도 문단의 다양한 활동성을 항상 격려해주었다. 이러한 직관력과 근면성이 복합적으로 체질화했다는 그의 듣기 좋은 말씀은 이제 명계(冥界)를 지나서 영혼의 안식처에서도 들리는 듯하다. 그의 문학적 성과와 업적은 우리 문학사에서 영원히 꽃피울 것을 기원한다.

(2009. 8. 『한국수필』)

- 회장님, 장관님, 이사장님

1987년 2월 하순 어느 날, 대학로에 있는 예총회관 2층 예총회장실에서 조경희 선생님과 가장 가깝게 마주 앉았다. 선생님이 예총회장에 재선되고 새롭게 예총 발전을 위한 사업을 담당할 신입 직원을 뽑는 면담의 자리였다.

우리 문단에서는 너무 높은 어른이라 문단행사장에서나 글을 통해 멀리서 볼 수 있었지만, 평소에 가깝게 뵐 수 있는 기회가 없었다고 할 수 있는데 그날 특유의 화술로 몇 가지 간단한 대화를 나누고 시를 쓰는 같은 문인이라는 점에 흡족해 하면서 즉시 출근하라는 것이었다.

우선 기뻤다. 당시 나는 관공서에 주로 납품을 하는 출판사에 근무하면서 시를 쓸 수 있는 여건과 시간 등이 만만치 않아 통시적인 생활인으로 전락하는데 대한 상당한 스트레스를 받고 있을 때였기에, 예술과 접할 수 있는 단체에서 일할 수 있다는 것은 정신적으로 일대 전환이 아닐 수 없었다.

조경희 선생님에 대한 호칭은 자연스럽게 회장님이었다. 회장님을 모시고 예총의 모든 행사를 기획하고 진행하였다. 이때 회장님에게서 특이한 점을 발견하게 된다. 어떤 행사라도 개회할 때는 '회장 인사'나 '개회사'가 순서에 있게 되는데 이 인사말이나 개회사를 따로 원고로 작성할 필요가 없었다. 언제나 구수하고 재미있게 참석자들을 매료시키는 즉석 스피치였다. 행사 명칭과 주요 참석자들만 메모를 해드리면 행사를 준비하고 진행하는 나의 일은 끝난 것이다.

그러나 국무총리나 관계 장관이 참석하여 축사를 하는 경우에는 그들에게 꼭 전해야할 문화예술 정책의 건의나 발전 방향의 제안 등을 별도의 인사말로 작성해 드리면 대단히 만족해하고 애썼다는 치하를 아끼지 않던 점도 그 후 다른 예총회장들에 비하면 특이했다.

어찌 보면 당연한 일이지만, 내가 예총에서 19년을 근속하고 명예퇴임하기까지 총 여섯 분을 회장으로 모시면서 일일이 인사말을 써서 행사 진행에 차질이 없도록 했지만, 무슨 내용이 담겨지고 문화예술의 당면문제가 어떤 것이지도 모르고 그냥 읽는데도 힘든 경우를 많이 봐왔기 때문이 아닌가 싶다.

조경희 회장님은 예총회장 재임시절에 『예술계』를 창간하여 문화예술계의 비평지로서 우리 예술발전에 기여한 점과 '예총 예술문화상'을 제정하여 한 해 동안 공헌이 많은 예술인들에게 포상하여 예술인들의 창작과 공연에 대한 노고를 기리는 큰 업적은 예총의 중대 사업으로 정착되어 지금까지 그 면면을 이어가고 있다.

그 후 정무장관으로 피임되면서 나의 호칭은 장관님으로 바뀌었다. 그때 나는 두 권의 산문집을 펴내고 나서 세 권째 『지성이냐 감천이냐』를 발간하기 위해 장관님께 서문을 부탁했더니 왜 수필집이 아니고 산문집이냐고 해서 나는 정식으로 수필 작품으로 등단하지 않았기 때문이라고 변명을 했다. 그러나 장관님은 나의 어쭙잖은 글들을 다 읽어보고는 '좋은 수필'이라고 평하면서 기꺼이 서문을 써주고 세 권의 산문집이면 한국수필가협회 가입자격이 있으므로 즉시 입회원서를 제출하라는 엄명에 의해 입회하고 그 후로는 회원으로서 협회의 행사나 모임에 나를 불러 진행 사회를 맡겼던 일들은 모두가 문인으로서의 신뢰를 우선적으로 챙겼던 것이다.

다시 선생님은 예술의 전당 이사장을 역임하고 1971년에 설립된 한국수필가협회가 사단법인으로 등록되면서 이사장으로 호칭되었다. 그 많은 호칭 중에서 나는 '회장님'이 익숙해져서 좋다. 선생님이 떠나버린 문단이나 문화예술계에서는 잊지 못할 '조경희 회장님'의 호칭으로 영원히 빛날 것이다.

(『한국수필』 2006. 8. 「조경희 선생 추모특집」)

상남(尙南) 성춘복 선생님의 은혜

1980년대 초반, 열사의 '심상해변시인학교'에서 선생님은 초대시인으로, 나는 담임시인으로 처음 만났다. 그때 지방 초등학교 전체를 빌려서 개설한 여름 시인학교는 박동규 서울대 교수가 이사장, 황금찬 시인이 교장, 김광림 시인이 교감, 이명수 시인이 교무주임을 맡고 『심상』 출신들이 각반 담임시인으로 200여명의 독자들과 여름 해변의 낭만을 만끽하면서 시와 인생을 교감하는 축제에서 선생님을 우리반 초대시인으로 모셔서 문학 강의를 들었던 것이 끈끈한 우정으로 발전하였다.

그 후에 『월간문학』 출신들의 모임인 '미래시인회'가 주최하는 전국 투어의 시낭송회와 문학강연회, 문학기행에 선생님과 동행하면서 자연스럽게 미래시인들과도 교감하게 되었고 특히 조병화, 박태진, 김영태 선생님을 비롯한 감태준(당시 『현대문학』 주간), 유한근(문협 사무국장), 윤석산(제주대 교수), 허형만(목포대 교수), 차한수(동아대 교수), 정성수, 김남환, 김현숙, 장렬, 박종철 시인들과도 친분을 유지하게 되었다.

나는 아직 문단의 초년병으로 한국문인협회와 한국시인협회 그리고 국제펜한국본부에 입회를 주선해주어서 전국 문학행사에 동참하게 되었는데 특히 대만에서 개최된 '아시아시인대회'에 동행하여 처음으로 외국여행의 행운도 열어주셨다. 박태진 선생님과 우리 일행은 일본 동경까지 동행하여 난생처음으로 일본의 풍광도 만끽하였으며 그 후에도 선생님과 문협 해외세미나로 중국 상해, 북경, 백두산을 거쳐서 카자흐스탄 알마티와 러시아 상트페테르부르크, 모스크바 그리고 자동차로 체코의 프라하, 헝가리의 부다페스트, 독일의 베를린 등을 여행하면서 나를 극진히 챙겨주셨다.

또한 그 후에 어느 단체에서 '금강산 뱃길 시낭송회'에 선생님과 함께 초청되어 최초로 방문하는 북한땅 금강산행에 동승한 선실에서 지내면서 온정각, 구룡연과 만물상을 돌아보고 곳곳마다 붉은 글씨로 새겨놓은 그들의 구호에 쓴웃음을 삼킨 일도 있었다.

나는 선생님을 영원히 잊지 못하는 일이 있다. 내가 어느 개인 출판사에서 힘들게 근무하는 것을 보고 당시 예총회장 조경희 선생에게 소개하여 직원으로 근무할 수 있도록 배려해주신 자상함은 언제나 존경의 대상으로 지금까지도 그 은혜를 잊지 못하고 있는 것이다. 더구나 선생님은 한국문인협회 시분과회장과 부이사장, 이사장, 예총부회장을 재임하면서 예총회관 한 건물에서 매일 뵙게 되어 자연스럽게 교분을 더욱 공고하게 교감하게 되었고 당시 문단의 대 어른들 김동리, 조병화, 김시철, 황명, 전숙희, 허영자 선생을 비롯한 많은 문인들과의 교류도 이루어졌다.

 나는 선생님의 작품에 심취하게 되었다. 첫 시집 『奧地行』은 절판이 되어 선생님 보관본을 빌려서 복사를 해서 탐독하면서 「奧地에 켜진 등불― 시인 尙南」 제하에 다음과 같은 시 한 편을 썼다.

  오랜 가뭄을 적시는
  보슬비는 향그럽다
  시든 풀꽃 쓰다듬는
  따사로운 손 끝에
  한 권의 복음서가 펼쳐지면
  멀리서 혹은 곁에서 들리는
  둔탁한 음절도 녹아 흐르고
  오지에 비 젖는 날
  숨 막히는 어린 자벌레들
  그의 부드러운 정원에서
  넉넉한 사랑을 손질하고
  젖은 마음들을 말린다

  순백의 깃 드리운 찻잔 속에

일렁이는 멋 가득 채우고
아, 내 마음 끝간 데를 몰라
더듬어 보는 언어들
저만큼 앞서 걷는
그림자만 따라 가느니
쌓인 어둠 속 우리들 사랑을 위해
시를 위해
오지를 밝힌 저 등불.

그 후에 발간한 시집(현재, 내가 보관하고 있음)『공원 파고다』,『산조』,『복사꽃제』,『네가 없는 이 하루는』,『혼자 부르는 노래』,『해적이기 〉 해작이기』,『혼자 사는 집』,『마음의 등불』,『봉선화 꽃물』,『내 안 뜨거워』,『길 밖에서』,『반백년 나들이』,『십삼월의 뜰』,『여든의 하루를 사는 법』등 20여 권의 시집을 상재하고『우리를 슬프게 하는 것들』등 수필집도 많이 펴내어 독자들에게 깊은 감명을 주고 있다.

상남 선생님은 항상 외모를 잘 단장하는 멋쟁이 시인으로 문단에 정평이 나 있었다. 하얀 머리카락에 눌러쓴 베레모 시인 모자와 안경, Y셔츠, 목도리와 신발에 이르기까지 멋스러움을 간직하고 있었으며 이러한 외형과 더불어 해박한 지식으로 문학적인 가르침에 심취한 우리 후학들이 선생님을 존경하고 따르면서 '성춘복 사단'이란 별칭이 있을 만큼의 한국문단의 거목이었다.

그리고 선생님은 후배나 제자들과 동료들의 생일이나 집안일까지도 챙겨주는 자상한 정감이 넘치는 문단 어른으로 공경의 존재로서 각인되기도 했다. 나의 딸이 중학교에 입학했다는 소문을 듣고 예쁜 책가방을 사주면서 축하해주기도 했던 기억이 지금도 생생하다.

한편 선생님은 그림에도 일가견이 넘쳐 화가의 경지에 도달하여 틈틈이 스케치한 것들을 모아 몇 차례의 시화전도 개최하여 문단의 관심을 모은 바 있다. 나는 표구된 시화를 몇 점 구입하여 지금도 집에 보관하고 있다.

또한 나는 어떤 문학단체에의 '성춘복 시인의 밤'에서 선생님의 시집 『혼자 부르는 노래』에 대하여 "선생님의 순정적인 체취는 자아에서 파생되는 인식(주관)과 행위(주체)를 합쳐서 우리는 주체성이라고 한다면, 그는 '나'라는 대상에 대하여 능동적이며 실천적인 사유를 포괄함으로써 자아에 대응하는 객관성을 질감 높게 승화하고 있는 점이다."라는 어쭙잖은 논평을 해서 청중들의 박수는 물론이거니와 선생님께도 칭찬을 들은 일도 있었다.

이런 발표문은 그 이후에 발행된 '김송배 시론집' 『화해의 시학』에도 「自我와 對我의 주정적 화해」라는 제하(題下)로 수록하여 선생님의 작품세계를 널리 알린 바도 있다. 그래서 누군가가 '성춘복 시학'을 새롭게 정리해서 우리 후학들이 그를 기리고 탐구하는 한편 우리 한국문학사에 금자탑이 되기를 기대한다는 전언으로 글을 마쳤는데 얼마 전에 마침 박영배 시인이 평론집 『성춘복 시세계』를 발간하여 선생님의 작품세계의 전체를 자상하게 정리하여 조명하고 있어서 우리 후학들의 필독서로 남을 것으로 반가운 업적이다.

(2023. 12. 성춘복 미수기념문집 『인연』)

문인과 찍은 사진 한 장
- 바이칼호수 문학기행

지난 6월 어느 날, 시전문지 『계간시원』 잡지사에서 시행한 연례해외문학기행이 이르쿠츠크와 바이칼호수에서 열렸다. 전국의 문인 30여 명이 바이칼호수 대장정이 시작되었다. 우선 레닌 동상 앞에서 찍은 사진(좌로부터)과 같이 정순영 시인과 본인 그리고 광주의 김종 시인이 기념촬영을 하였다.

여기에 동행한 미강(未江) 정순영(鄭珣永) 시인은 경남 하동을 고향으로 하면서 부산에서 동명대학교 총장을 끝으로 학계를 떠나 이제는 서울에서 조용히 시창작에 몰두하고 있다.

또한 김종 시인은 시를 쓰면서도 그림을 그리는 화가로서 호남에서는 그 명성을 떨치고 있다. 두 분 모두 우리가 문단에서 서로 작품은 자주 대해서 이름은 잘 알고 있었으나 그렇게 가깝게 지내지는 않은 것 같다. 그것은 서로가 직장에 매이다보니까 그렇고 또한 부산과 광주라는 거리감 때문에 서로 교감할 기회가 없었었기 때문이라고 생각된다.

이제 모두가 약간 시간적인 여유를 가지고 자유롭게 글도 쓰고 시인협회나 펜클럽행사에서 자주 만나면서 서로의 문학과 인생을 정감으로 소통하게 되어 지금은 아주 가깝게 아끼는 문우로서 지내고 있는 것이다.

정순영 시인은 고향 하동에서도 반갑게 맞아주는 친구들이 많았다. 그와 동행해서 하동에 가면 초등 동창들이 몰려와서 하동 명물인 재첩국은 기본이고 참게가리장과 참게 간장게장 등과 하동포구에서 건져 올린 도다리, 전어 등 수산물을 마음껏 대접받고 오는 영광이 나에게도 제공되는 행운이 언제든지 기다리고 있었다.

나도 고향이 합천이라서 서로의 풍습이나 생활 방식이 유사하니까 사유의 지향점이나 시적 진실의 탐색이 서로 동일한 습성으로 나타나는 좋은 소통의 시간들을 많이 가질 수 있어서 좋았다.

광주의 김종 시인도 풍속화 계열의 화풍이 더욱 향토적인 정감으로 수용하는 탁월한 화가로서 유명한데 그는 먼저 정순영 시인과 통하면서 본인과도 친교적인 문우로 발전하게 되었다.

우리들은 부산으로 광주로 자주 나들이를 하면서 정의를 두텁게 쌓아올리고 있다. 마침내 우리 한국 시단의 발전을 위해서 서로가 편집위원을 맡아서 창간한 시전문지 『계간시원』의 발간에 서로의 역량을 집중하고 있다. 표지화를 그리고 광고를 수집하고 편집을 담당하는 등 함께 소기의 목적을 향해서 불철주야 매진하고 있다. 우리들의 우정은 영원할 것이다.

경남문학관, 2017 하반기 기획전

*이르쿠츠크 시내 스탈린 동상 앞에서- 좌로부터 정순영, 김송배, 김종 시인

문학인이 띄우는 편지

다정다감한 호인의 대학 총장
- 미강(未江) 정순영(鄭珣永) 시인에게

  정 총장! 참으로 오랜만에 편지글을 써 보는군요. 스마트폰으로 메시지 문자를 보내 안부를 묻거나 이메일로 소식을 전하는 첨단시대를 살아가면서 이처럼 정답게 근황을 글로 전해보는 것은 〈문학의 집·서울〉의 덕분이라고 생각합니다.
  우리 주변에서 자주 만나는 지인들은 당신에게 부르는 호칭이 정 시인보다는 정 총장이 더욱 정감이 가는 것도 정 총장이 평소에 우리 지인들뿐만 아니라 특히 나에게서는 더욱 돈독한 우정을 베풀고 있기 때문일 것이요.
  몇 십 년 전 피맛골 철거로 새로 이사한 '소문난 집' 주점에서 자주 만나 술잔을 기울이면서 시국에 대한 분노를 토하다가 시를 논하던 시간들이 주마등으로 지나가고 이제 우리는 생존을 초월한 한인(閑人)으로서 자적(自適)의 여유로움을 즐기면서 여행과 시를 병행하는 노년으로 접어들고 있네요.

참, 오래전에 초정 김상옥 선생님이 작호(作號)해서 하사했다는 아호가 '未江'이라는 사실을 얼마 전에 알게 되었는데 진작부터 '미강', '미강' 하고 아호를 불러서 널리 알리고 기려야 하는 것이 마땅할 일인데도 늦게 눈치 채서 죄송할 따름이지요.

그 후 일 년에 서너 번씩은 하동에 동행해서 그곳 죽마고우들 김재석 리장과 강경춘, 황호억씨 등과 만나서 회포를 푸는 자리에 나와 임병호 시인을 초청해서 함께 어우러지는 고향의 멋을 느낄 때가 많아 친분을 더욱 두텁게 하고 있어서 다른 친구들이 부러워하고 있어요.

섬진강 휘감는 지리산 자락 경남 하동 산촌 횡천에서 태어나 산수 서정을 먹고 자라다가 중앙대에서 백철 교수님과의 인연으로 석사학위까지 받고 시전문지 『풀과별』로 등단하여 첫 시집 『시는 꽃인가』로부터 일곱 번째 시집 『사랑』을 발간하면서 문학의 진수를 터득하고 이제 시하는 재미로 지내는 전업시인의 풍모를 흡인하게 하지요.

이 시집 『사랑』은 270여 편의 작품과 한국의 명사 150인이 함께 읽고 간단하게 감상멘트를 붙여 우리 시단의 이목을 집중시키면서 관심의 대상이 되기도 하였으며 이러한 문학업적으로 봉생문화상, 부산문학상, 부산시협상, 여산문학상, 한국시학상과 현대문학 100주년 기념문학상 등을 수상하는 영광을 안았네요. 그리고 제6대 부산시인협회 회장, 국제펜부산지역 회장과 국제펜한국본부 부이사장을 역임하는 공적이 등단 45여 년 만에 세운 쾌거였지요.

그리고 교육계에 투신하여 부산과학기술대 총장과 동명대학교 총장을 역임하는 등 교육자로서 한국 대학교육에 기여한 바가 크지만 항상 내면심정에는 전업시인에 대한 그리움이 솟구쳐 문학청년의 기질을 져버리지 못하는 전형적인 시인이었지요.

섬진강
오백리
하동골에는

산새가 울어서 꽃을 피운다

보고픈
고향 친구
누이동생이

세상 사람
시샘 끝에
산에 들어서

꽃 피우는
산새가
되었나 보다

짚신자락
고달픈

나는 나그네

전설처럼
밤 지새는
산짐승되어

소매 끝에
눈물을
적시다 보면

어느새
하동골에
꽃은 지리라.

- 「하동골에서」 전문

  또 하나 즐거운 일은 하동군 적량면 동산리 참전기념공원에 죽마고우들과 경향각지의 지인들이 뜻을 모아 위의 작품이 각자된 '정순영시비'가 세워졌음에 기쁨을 금치 못하고 직접 방문했던 기억도 생생하네요.
  우리의 정감은 시전문지 『계간시원』을 공동으로 발행하는 문단사적 업적을 이행하는 노력을 함께하고 있어서 앞으로도 불변의 우정으로 영원할 것이네요. 부디 건강 유념하시고 언제 짬을 내어 피맛골 '소문난집'에서 맥주나 한 잔 합시다.

* 『문학의 집·서울』 2017년 5월호에 '문학인이 띄우는 편지'로 수록하였는데 6월호에 정순영 총장의 답신 글이 게재되었다.

문학인이 띄우는 편지

샘 깊은 시인
- 청송(聽松) 김송배(金松培) 시인님께

정순영(鄭珣永)

 만나 뵙고 헤어져 하루만 지나도 보고 싶은 송배형님, 문학청년 시절부터 청아하고 준수한 시적인상을 새기고 있는 존경하는 김후란 시인님께서 제게 직접 전화를 하셨습니다. "김송배 시인이 삶의 여백을 채워주는 〈문학의 집·서울〉 소식지 2017년 5월호에 정순영 시인에게 편지를 쓰셨다."며 "정시인의 답장 원고를 청탁한다."는 말씀에 황송스럽게 감동하여 아직도 가슴이 두근거립니다.
 이틀 후, 언제나 그렇듯이 자상하고 배려 깊은 송배형님의 편지가 실려 있는 〈문학의 집·서울〉 187호와 원고청탁서를 받았습니다.
 송배형님, 참 고맙습니다. 그 고마움의 첫째는 우리 문단에서 드물게 온 인생을 오직 문학하는 일에 혼신을 다하시는 모습입니다. 그것이 문학창작을 하는 일이건, 문단사무를 하는 일이건, 문학교실을 열어 문학강좌를 하는 일이건, 초지일관 청년 같은 열정으로 매진하고 계시는 것입니다. 그러한 문학정신이 저와 같이 출중치 못한 시인의 가슴에 불을 지피어 전업시인으로 신들메를 고쳐 매게 하셨습니다.

군이 한국예총의 월간 『예술세계』 주간, 한국문인협회 사무처장, 시분과회장, 부이사장 등으로 봉사하신 일과 후학들을 위하여 『여백의 시학』 등 14권이 넘는 시창작의 길잡이 저서를 발간한 것, 한국문단에서 그 권위로 우뚝한 '조연현문학상' '윤동주문학상'을 수상하신 업적을 언급하지 않더라도 선후배 문인들뿐만 아니라 '청시(聽詩)' 모임 등 숱한 제자들과 문학을 좋아하는 독자들에게도 형님의 문학인생이 귀감이 됨은 마땅한 일입니다.

제가 오랜 세월 공직을 하는 동안 문학의 언저리를 떠돌며 시하는 일에 게으름을 피우다가 이제 퇴직하여 세상일 뒤로하고 고향인 시림(詩林)으로 돌아와 시심을 새삼 갈고 닦을 때, 변방을 드리운 시원한 그늘과 진한 솔향기를 퍼뜨리는 문단의 큰 소나무 한 그루를 만났습니다. 그 소나무 그늘의 솔바람은 맑기도 청명하여 세월에 찌든 마음을 깨끗하고 온화하게 헹구어 줍니다. 세상풍파 모진 바람에 흔들리면서도 뿌리 깊은 문학인생을 살아 온 늘 푸른 소나무 청송 김송배 시인이셨습니다.

그래서 감히 다음의 졸시를 읊조려 보았습니다.

거친 바람에 흔들린 나무는 뿌리가 깊다

언제나 소박한 정(情)을 새겨 손을 잡는
김송배 시인의 샘 깊은 시엔
생애(生涯)의 진한 향기가 감돈다

뿌리 깊은
삶을 반짝거리는 거목(巨木)이기에
그 가지에
봄
여름
가을
겨울
꽃 피어도 좋으리.
　　　　　- 졸시「샘이 깊은 시」(한국시학, 2017 여름호)

송배형님, 참 고맙습니다. 이토록 혼잡한 문단의 현실 속에서 후학들을 위해 버팀목으로 굳건하게 서 계셔주셔서 참 고맙습니다. 많은 문인들이 세상의 모진 바람을 피해 형님을 찾는 이유가 언제나 의지해서 토로할 수 있는 문단의 큰 소나무이기 때문입니다. 형님도 저도 경상도 사내라 면전에서는 멋쩍어 드리지 못한 말씀을 이렇게 드릴 수 있는 공개편지의 지면도 참

고맙습니다. 이 기회에 평소 우리에게 잔잔한 진정으로 도움을 아끼지 않는 『계간시원』 편집국장 강명숙 시인께도 감사의 말씀을 드려야겠습니다. 제자의 행실과 그 마음가짐을 보면 그 스승의 가르침을 알 수 있지요.

얼마 전 저의 서재 오두막이 있는 고향 하동 걸음 때는 봄이 무르익어 섬진강의 푸른 물에 싱그러운 건너 산이 빠져 초록 물감이 번져 흐르고 재두루미 몇 마리가 흰 모래밭을 성큼성큼 걷고 있었지요. 다음 가까운 날 형님께서 좋아하시는 하동의 참게장을 곁들인 들깨가리장집에 갈 때는 꼭 강명숙 시인도 동행 합시다. 아하, 이 편지를 임병호 시인도 보시면서 침을 삼키시겠지요. 당연히 모셔야지요.

그리고 우리가 함께 창간한 『계간시원』 매호마다 명작의 표지화와 간단한 그림해설까지 기꺼이 주시는 광주의 김종 시인님께 고맙다는 예의 한번 제대로 갖추지 못한다고 늘 미안해 하셨지요? 전들 오죽 하겠습니까, 언제 한번 피맛골 소문난 집에라도 모셔다가 맛있는 보쌈 안주에 고마운 마음 가득 넘치도록 소맥 잔을 드립시다.

송배형님, 형님의 덕담을 듣는 술자리 말석에 끼어들어 일년쯤 되어서야 생각 깊은 제자사랑을 엿보게 되었습니다. 가끔 쏘가리처럼 톡 쏘는 제자를 아끼는 훈계를 보았습니다. 그 넓고 따뜻한 가슴을 본 것입니다. 그래서 제가 형님을 가까이 만난 지 10년 조금 지났지만 70년쯤 되는 피를 나눈 친형제처럼 느껴지는 것입니다. 지리산 북쪽 계곡 합천이 형님의 고향이고 남쪽 계곡 하동이 저의 고향이라 그 뿌리가 같은 연유이기도 하겠지요. 합천 소나무나 하동 소나무나 매한가지 청송이지요.

  존경하는 송배형님, 이제는 좀 늙은 청년이시니 약주 적절히 즐기시고 늘 이 봄날처럼 싱그럽게 정담의 꽃을 사철 피우며 건필하시기를 바랍니다. 참, 다음 주에는 오랜만에 소문난 집 서형(兄) 누님 만나러 가시지요.

*『문학의 집·서울』 2017년 6월호 「문학인이 띄우는 편지」로 5월호에 수록된 김송배 편지의 답신이다.

문학과 동행한 절망의 시대
- 내 삶에서 만난 문학

　詩여! 위대한 진실이여, 나를 구원하는 인생의 등불이여. 죽는 날까지 그의 품 안에서 영원히 '나'를 인식하고 성찰하며 또한 정립하리라.

　지난 가을에 펴낸 제11시집 『나와 너의 장법』 '시인의 말' 끝부분에 적어놓은 말이다.
　빈한(貧寒)한 아버지의 고달픈 삶을 눈물겹게 고심하면서 살아가는 모습과 어머니의 가족 살리기 위한 고행(苦行)은 어린 나의 마음을 쓰리게 하고 있어서 시가 과연 나의 인생을 구원할 수 있을까라는 의문에서 아하, 이것이 바로 내가 성취해야 할 일생의 해법이라는 그 마력에 이끌려서 헤매고 있었는지 모른다. 그 시절 어렵게 책을 구해서 독서에 몰입했다. 『새벗』, 『소년세계』를 읽었다. 그리고 『학원』과 『학생시대』를 대하면서 시와 소설에 매료되었다. 한 여학생이 써놓은 '노벨 문학상은 나의 것'이라는 야무진 장래의 희망에 감동했었다.

 나에게서 문학적 영향은 아마도 천자문을 읽고 명심보감과 논어를 읽으면서 크게 감응을 받지 않았나 생각된다. 불학시면 무이언(不學詩 無以言)이라는 논어의 글에서 공자님이 아들 백어(伯魚)에게 한 말은 잊을 수가 없다. 시를 배우지 않으면 말을 할 것이 없다는 시의 중요성을 가르치고 있었다. 결국 시를 공부하지 못한 사람은 이 세상에서 살아갈 자격이 없다는 준엄한 교시(敎示)에 흡인되어 아, 이것이 내가 살아갈 지표라는 굳건한 인생의 목표를 세웠던 것이다. 그리하여 그 고난의 여정을 시작한 것이 용케도 오늘에까지 이르렀다.

 시와 인생, 그 오묘한 상관성의 해법을 탐구하는데 나의 일생을 건다는 각오가 넘쳤다. 누구는 그것이 쌀 한 됫박도, 연탄 한 장 값도 안 되는, 그 고상하면서도 고행인 그 길을 왜 가느냐고 핀잔을 던졌다. 그러나 인내로 감수해야 했다. 시가 인생과 동행해야만이 어떤 위안을 받을 수 있을 것이라는 막연한 기대가 전신을 휘감고 있었기 때문이다. 산촌에 지천으로 널린 만물에게서도 어떤 감상주의에 젖어서 감동하고 질펀한 산촌 풍경과 별에서도 감정에 복받쳐서 눈물을 징징 짜는 시절도 지나 이제는 어엿한 군인이 되어 외출나간 원주시내 서점에서 『詩文學』 창간호(1965년 4월 청운출판사. 지금도 보관하고 있다.)를 대하고부터 습작을 시작하였다. 그러나 국문학과를 진학한 것도 아니어서 문학의 선배나 지인이 없었다. 막연하게 청록파의 박목월 시인을 사모하게 되고 그의 작품을 탐독하면서 모작과 베끼기로 시법을 공부하게 되어 박목월 선생님 사후에 『心象』 지로 나오게 되었다.

아직도 시란 무엇인가를 명징하게 해답을 하지 못하는 어정쩡한 자리에서 작품을 쓰고 시집을 발간하는 등 다양한 문학적 인생을 영위하고 있다. 여기에서 분명한 사실은 시적 진실은 우리 인간의 삶에 관한 스토리라는 것이었다. 휴머니즘이라고도 하지만 '나'의 삶을 되돌아보고 성찰하면서 새로운 인생관을 탐구하는 것이 시의 주제가 된다는 점이었다.

나는 지금까지 살아오면서 어려운 체험이 너무나 많았다. 좌절과 절망으로 혹은 고뇌와 갈등으로 심지어 자살까지 위험한 심리적인 결단까지도 생각해본 적이 있었다. 그럴 때마다 나는 시를 끄적였다. 나의 암울했던 체험에서 창출한 이미지가 새롭게 재생되어 참으로 다행이었다. 시를 통해서 심적인 안온과 활성을 되찾을 수 있게 되고 외적으로는 나의 생활과도 밀접한 관계를 유지할 수 있게 되었으니 만약 시가 없었고 시가 아니었다면 내 생애는 어떠했을까 적이 걱정되기도 했었다.

일찍이 소크라테스는 '너 자신을 알라!'면서 무지(無知)의 자각을 외쳤다. 나는 나 자신을 얼마나 알고 있을까? 그리고 나는 나를 얼마나 사랑하고 있는가? 혹시 영육(靈肉)을 동시에 학대하고 있지는 않는가? 이러한 위급한 현실에서 초연(超然)으로 가는 정도를 찾아서 아직도 방황은 지속되고 있으니 아아, 시여 나를 구원하라.

　거기엔 만유(萬有)의 자연과 대화할 수 있으며 골똘한 나와의 탐색을 통해서 새로운 시간과 경지를 개척하는 활달한 삶이 다시 생성하고 있을지니. 아, 지금도 어설프지만 이 잡다한 인간세를 탈각(脫殼)하고 형이상적인 세계, 우주로 지향할지어다.

(『문학의 집·서울』)

내가 당부한 주례사

만물이 생기에 넘치는 화창한 계절에 우리 인생의 행복을 창조할 수 있는 성스러운 한 쌍의 부부가 탄생하였습니다.

오늘 신랑 ○○○군과 신부 ○○○양이 맺는 백년가약은 두 사람의 슬기로운 은총으로 사랑을 굳게 약속하는 인륜의 대사입니다.

이 행복한 출발을 축하하기 위해서 공사다망한 가운데도 참석하여 자리를 빛내주신 양가 친척과 친지 동료들을 비롯한 하객 여러분에게 먼저 감사를 드립니다.

신랑 ○○○군과 신부 ○○○양은 그동안 엄격한 가정교육과 사회적인 인성수양을 통해서 수준 높은 인격도야에 매진해 온 엘리트들입니다.

이처럼 자신들이 인생 성숙을 위하여 꾸준히 갈고 닦아온 인격을 바탕으로 하여 지금부터 독립된 가장과 아내로서 이 사회를 지혜롭게 살아가는 첫 걸음을 내딛는 것입니다.

결혼은 사랑의 열매라고 합니다. 그 달콤한 사랑이 더욱 알차게 영글어서 가정과 인생의 행복을 추구하는 것은 물론이려니와 우리 사회가 필요로 하는 인격체로 발전하는데 서로의 믿음과 열정을 쏟아나가야 할 것입니다.

오늘 이 영광된 축복 속에서 새롭게 출발하는 이 부부에게 나는 간곡하게 몇 가지를 당부하고자 합니다.

이제 부모님들의 온화한 품을 떠나서 독립된 한 가정을 이루지만 우리가 그동안 소홀하게 여겼던 부모님들의 애틋한 사랑을 다시 확인하고 은혜로 보답하는 효도를 절대 잊어서는 안 될 것입니다.

그리고 부모님들로부터 물려받은 신체의 소중함을 알고 건강에 각별하게 유의하면서 부모님들로부터 익혀온 교양과 지식을 근본으로 하여 윤리와 도덕을 귀중하게 실천해 나가는 것을 가정생활의 덕목으로 간직하고 행복한 가정을 설계하는데 근본으로 삼아야 할 것입니다.

또한 남편은 아내를, 아내는 남편을 진실한 사랑으로 감싸고 이해하면서 인생의 보람과 행복을 찾는데 서로의 노력을 아끼지 말아야 할 것입니다.

인생은 미래를 위한 준비가 있어야 합니다. 인생의 목적은 끊임없이 발전을 향한 전진입니다.

인생의 앞날에는 생각처럼 평탄한 길만이 있는 것은 아닙니다.

이제는 어떠한 고난과 역경도 두터운 서로의 사랑으로 이겨내야 합니다. 인내와 극복은 진정한 행복의 근원이 될 것입니다.

다음으로는 양가 부모님께도 당부드립니다.

이제 부모님의 품을 떠나서 독립된 가정을 이루었다고는 하지만 아직까지 첫 걸음마에 불과합니다. 오늘 새로이 출발하는 이들이 물질적, 정신적인 성숙과 함께 가정이나 인생이 스스로 자립할 때까지 그동안 보살피고 이끌어 주셨던 정성으로 더욱 그윽한 애정으로 인도하여 주시기 바랍니다.

한편, 오늘 이 자리를 축복하기 위하여 오신 하객 여러분께서도 이 부부가 한 가정의 인격체로서 백년해로할 때까지 이들이 올바른 삶과 훌륭한 인생을 위해서 평소에 베풀어 주셨던 따뜻한 정성으로 항상 변함없는 지도 편달해 주시기 바랍니다.

이제 이 신혼부부는 행운의 광명이 비치는 새길을 힘차게 걸어갑니다.

즐거움과 행복은 멀리 있는 것이 아니고 자기의 보람과 자기의 성공을 위해서 노력하는 그 과정에서 밝고 활기찬 서광이 비친다는 점을 명심하기 바랍니다.

부디 새 가정에 진실된 사랑과 지순한 믿음의 충만으로 슬기롭게 행복을 창조하기를 진심으로 바라면서 주례의 말로 갈음합니다.

감사합니다.

(20회 이상 결혼식 주례로 축복했다)

시와 예를 공부했느냐?

　언제나 시에 관한 이야기만 나오면 나는 인용하는 명언이 하나 있다. 『논어』「계씨(季氏)편」에 나오는 문장인데 내용인즉슨 공자의 아들 백어(伯魚)와 함께 공부하는 친구 진항(陳亢)의 영특한 감응에 놀라는 고사이다. 아들 백어는 어쩐지 공부하는 진도나 성적이 여느 학동보다는 우위에 있음을 진항이 감지하고 필시 이는 그의 아버지(공자)가 선생이므로 집에서 따로 교습(요즘으로 말하면 과외)이 있을 것이라는 막연한 의구심이 생겼다.
　어느 날 진항이 백어에게 "당신은 선생님에게 특별히 다른 말씀을 들은 것이 있느냐?(子亦有異聞乎)"하고 물었다. 백어는 단호하게 "없다"고 대답했다. 그러나 한번은 내가 종종걸음으로 뜰을 지나가자 "시를 배웠느냐?(學詩乎아)" 하시기에 "아직 배우지 못했습니다."고 했더니 "시를 배우지 않으면 이야기(말)할 것이 없느니라.(不學詩면 無以言이라)"고 해서 그날부터 시('시경'을 말함)를 배우고 열심히 공부했으며 다른 날에 또 "예를 배웠느냐?(學禮乎아)" 하시기에 이것도 "아직 배우지 않았나이다."고 했더니 "예를 배우지 않으면 남 앞에 설 수가 없느니라.(不學禮면 無以立이라)"고 해서 예를 배우고 공부했다는 이 두 가지의 말만 일러주었다.

　이 말을 듣고 난 진항은 "옳다. 한 가지를 물어 보았다가 세 가지를 배웠도다. 시를 듣고, 예를 듣고, 또 군자는 그 자식이라 해서 특별히 애써서 가르치지 않는다는 것도 알았다."고 기뻐하면서 자신도 시와 예를 공부해서 백어처럼 실력이 우위에 이를 수 있었다는 이야기인데 진항의 그 명민한 감응이 늘 부럽다.

　공자는 시와 예를 인간 교육에서 근본으로 가르쳤던 것을 알 수 있다. 우리는 시와 예를 왜 배워야 하는지 위의 이야기를 통해서 명확하게 이해하게 된다. 시를 공부하지 않으면 다른 사람과 더불어 말(담론)할 것이 없다는 것과 예를 배우지 않으면 남 앞에서 이러쿵저러쿵 할 자격이 없다는 것은 우리들의 정서뿐만 아니라 정신적인 측면에서 어떤 경고의 메시지를 전하고 있다.

　우리는 이와 같이 왜 시를 배우고 예를 공부하지 않으면 안 될까. 잘 아는 바와 같이 시는 인간을 성찰하는 마력을 가지고 온갖 갈등과 고뇌를 여과하는 기능이 있다. 이 기능은 다시 존재란 무엇인가 혹은 자아란 무엇인가 하는 나에게 부과된 인생을 다양하게 분석하고 정리하는 가치관을 지향적으로 유추할 수도 있다.

그러나 오늘의 시인들은 백어나 진항과 같이 학시(學詩)나 학례(學禮)에는 정성과 심혈을 투자하지 않고 명함에 '시인'이라 명칭만 찍어 남에게 과시하면서 자신의 독백이나 사물의 스케치 등 주제가 함축되지 못한 낙서 따위를 시랍시고 긁적이는 경우를 더러 대하게 된다. 이는 시에서 인생의 표현을 배우고 예에서 인생의 도리를 배우려는 노력을 쏟지 않아서 진정한 시인의 정신이 결여된 채 그의 작품뿐만 아니라, 문인으로서의 예의마저 갖추지 못하는 인성부재가 만연하고 있는 세상을 엉터리 시인으로 살아가고 있는 것이다.

우리는 한 편의 시를 읽거나 쓰면서 한 시인의 인격 속에서 분출하는 진실이 우리 인간들의 휴머니즘을 탐색하게 되고 만유(萬有)의 자연 섭리와 교감하는 깊은 사유와 정서를 통해서 새로운 인생관을 투영하는 혜안과 지혜가 충만되어야 하지 않을까 싶은데 오늘따라 '너는 시와 예를 배웠느냐'는 공자의 말씀이 가슴을 섯짓하게 후비는 것은 무슨 연유일까.

공자가 말하기를 "너희들은 왜 『시경』을 배우지 않았느냐? 『시경』의 시는 감흥을 일으키며, 사물을 살필 수 있게 하고, 무리와 어울릴 수 있게 하며, 불의를 나무랄 수 있게 하고, 가까이는 부모를 섬기고 멀리는 임금을 섬길 수 있게 하며, 새와 짐승, 풀과 나무의 이름을 많이 알게 하느니라."

(『문학의 집·서울』 118호. 2011. 9)

고전을 통한 지혜 일깨우기

　우리는 오늘을 알기 위해서 과거를 알아야 하고 내일을 예측하기 위해서 오늘을 알아야 한다. 말하자면 과거의 일을 깊이 탐구함으로써 현대에 대한 인식을 새롭게 할 수 있다는 온고지신(溫故知新)의 정신이 필요로 하게 된다.
　이 온고지신은 『논어』의 「위정편」에 나오는 공자의 말씀으로 "오래된 것을 배워 새것을 알면 가히 스승일 수 있다.(溫故而知新 可以爲師矣)"고 한데서 유래되었는데 고(故)는 과거의 사상 즉 역사라는 뜻이며 온(溫)은 고기를 모닥불에 끓여 국물을 만든다는 뜻이라고 한다.
　이러한 과거 역사의 깊은 통찰은 난세(亂世)를 극복하는 교훈이 될 수 있고 치세(治世)나 살아가는 방식에서도 큰 바탕으로 삼을 수도 있게 한다. 대체로 우리나라 역사를 살펴보려면 고대와 신라, 백제, 고구려 이른바 삼국시대 역사의 전반을 응집

시킨 『삼국유사』와 『삼국사기』가 있고 고려시대에는 『고려사』와 『고려사절요』가 있다. 그리고 조선조에는 『조선왕조실록』이 있어서 우리의 과거를 일별할 수 있는 귀중한 자료가 된다.

김부식이 쓴 『삼국사기』는 기전체 형식(본기, 세가, 열전 등 인물 중심의 역사 서술 방법)으로 쓰여진 삼국시대의 정사(正史)인 반면, 일연스님이 쓴 『삼국유사』는 기사본말체(사건의 원인과 결과 중심의 실증적 기술)에 가까운 설화중심의 야사(野史)라고 할 수 있다.

일연스님이 이 『삼국유사』를 저술할 당시는 고려가 최씨 무신정권의 전성기에서 몽고 침입과 강화 천도(遷都), 몽고에 굴복한 국난(國難)의 시기였는데도 사라져가는 고문서와 설화 등을 모았다고 한다.

여기에서 잠시 깊은 사유(思惟)가 필요한 대목을 살펴보기로 하자.

신라 제21대 소지왕이 어느 날 천전정이란 곳으로 소풍을 나갔다. 난데없이 까마귀와 쥐가 몰려와서 울부짖었다. 그 가운데 쥐가 사람의 말을 하면서 이르기를 까마귀 날아가는 곳을 놓치지 말고 쫓아가면 반드시 무슨 일이 있을 것이라고 해서 왕은 이상히 여겨서 용감한 기사로 하여금 따라가게 하였으나 어느 지점에 다다랐을 때 돼지 두 마리가 싸운 것을 구경하다가 그만 까마귀를 놓치고 말았다. 하는 수 없이 길에서 방황하고 있는데 한 노인이 연못에서 나와 편지를 건네주었는데 겉봉에 이렇게 씌어 있었다.

"개견이인사 불개일인사(開見二人死 不開一人死: 이 편지를 열어보면 두 사람이 죽을 것이고 만약 열어보지 않으면 한 사람이 죽게 된다.)"

우리는 잠시 사유가 필요하다. 아니 망설임이 지나쳐서 당황하게 된다. 열어봐야 할 것인지, 열지 말아야 하는지, 그러나 왕은 "두 사람이 죽는 것보다는 열어보지 말고 한 사람이 죽는 것이 낫다."고 결론을 내리고 불개(不開)하기로 했으나 옆에서 보고만 있던 점치는 관원이 아뢰기를 "두 사람이란 서민을 말함이요, 한 사람이란 곧 왕을 말하는 것입니다." 그리하여 그 편지를 개봉하였는데 '射琴匣(사금갑) : 거문고 집을 쏘아라'라고 적혀 있었다.

왕은 즉시 소풍을 취소하고 내궁(內宮)으로 돌아와서 왕실에 비치된 거문고집을 화살로 쏘았다. 이게 어찌된 일인가, 거문고집 속에는 내전(內殿)의 범수승과 궁주가 은밀하게 간통을 하면서 반란을 모의하고 있었다. 두 사람은 화살을 맞고 즉사하였다.

그 후로 매년 정월 첫 해일(亥日), 자일(子日), 오일(午日)에는 모든 일을 꺼리며 조심하는 풍습이 생겼다고 한다. 또한 보름날에는 까마귀의 제삿날이라 하여 찰밥으로 제사하는 정성도 보였다. 이런 위기를 모면하는 것은 하늘의 도움이라 생각하고 노인이 연못에서 나와 편지를 전했다고 해서 그 연못 이름을 서출지(書出池)라고 지금도 경주에 부르고 있는 것이다.

이렇게 우리는 어떤 고전을 통해서 많은 지혜를 일깨우는 활력소를 얻을 수 있는 것이다. 사람이 죽는데 한 사람이냐, 두 사람이냐 하는 것은 비록 점쟁이가 아니더라도 누구나 판단하기 쉬운 용기와 지혜가 필요한 현상들을 현실에서 많이 부닥치게 된다. 해결방법은 온고이지신으로 가능한 일이 아닐까 싶다.

(1997. 4. 월간 『당뇨』)

나의 가상 유언장
- '詩人'이라 새긴 빗돌(碑石) 하나만

(나의 마지막에 대한 행복한 상상) 가상 유언장이라? 약간 황당하다는 느낌이다. 그러나 '나의 마지막에 대한 행복한 상상'이라는 부제에서 안도감을 갖는다. 아직 마지막이라는 말을 떠올려 본 바도 없고 더구나 유언을 글로 남겨서 전해야 할 위치도 아닌 것 같아서 얼떨떨하기도 했다. 아직 팔순(八旬)도 안 지난 사람이 아무리 가상이라지만 유언장을 쓴다는 것은 상상 이외의 일이기도 하기 때문일 것이다.

우리 몇 또래가 간혹 모여서 한담(閑談)하면서 술을 마실 때면 이제 모든 것을 정리해야 한다는 말을 쉽게 지껄이고 있으나 누구 하나 실제로 깨끗이 정돈했다는 말은 아직까지 듣지 못했다.

지금까지 살아온 날들의 체험을 천천히 마무리하면서 그동안

축적했던 지식과 지혜를 남김없이 후진들에게 물려주고 이젠 홀가분하게 개인의 취미에 심취하면서 안분지족(安分知足)의 순리를 따르는 일을 실행해야 할 때가 된 것이다.

그래서 흔한 말로 그동안 흔적으로 남아 있던 사진들도 유품(遺品)으로 남길 것 몇 장만 제외하고 모두 버리고 나에게 모든 지식을 제공했던 서적들도 하나씩 정리해야 한다는 반농담으로 나누는 일이 잦아졌던 것이다.

이 글을 쓰면서 생각해보니 실제로 한생을 마감하면서 준비해야 할 일과 사후(死後)에 자식들에게 당부해야 할 몇 가지의 일들이 떠오르기도 한다. 현재 미완성인 인생 80년에서 성과로 간직한 13권의 시집 외에 산문집, 평론집 등을 전집(全集)으로 묶어서 발간하는 일이 아직도 진행 중인데 이를 완성해서 각 도서관이나 동행했던 문인들과 공유하는 일이 남아있다.

이 외에는 따로 남길 만한 것이 없다. 막대한 유산이나 웅대한 명예 그리고 후대에 물려줄 지적재산 등 하나도 관심과 영향력을 미칠 일들이 존재하지 않는다는 것이 대단히 홀가분하면서도 명예롭다는 평소의 신념을 지울 수가 없다.

다만, 하나뿐인 아들에게 부탁이 있다면 너를 이 세상에 존재하게 한 부모의 사진과 가계(家系)를 알 수 있는 족보(族譜)는 반드시 간직하면서 조상들의 위의(威儀)와 그들의 행장에서 다양한 교훈을 습득하고 승계해야 할 것이다.

그리고 남겨진 서적들은 필요한 사람들에게 적절하게 분배하고 그래도 남으면 시골 도서관에 기증하여 독서하는 이들에게 편의를 제공하도록 권한다. 그것이 역경(逆境)을 극복하면서 시인의 길을 일생동안 고수한 아버지의 진실이 깃든 교훈임을 명심하게 될 것이다.

내가 이승을 영원히 하직한 후에는 조그마한 자연석에 '시인 김송배 여기 잠들다'라고 새긴 빗돌(碑石) 하나 세워서 지나가는 사람들이 옛 시인을 떠올리게 하면 더 없는 영광이 될 것이다.

이렇게 유언장을 써놓고 보니 나에게 주어진 생명의 시간들이 얼마만큼 남아 있을까 다시 유추해보기도 한다. 어디까지나 가상이니까 실상과는 좀 다를 수도 있겠다 싶지만 과장되거나 허구가 아닌 현재의 심경, 너무나 연약했던 일생에서 그래도 '시인'이라는 이름으로 자연과 인간들의 생태를 교감하면서 나름대로의 인생관 탐구를 위해서 온갖 고난을 극복하고 열정으로 살아왔다는 사실에는 눈물겹도록 스스로 찬사를 보내고 싶다.

이승 훌쩍 떠난 영혼도 가난과 절망의 고행을 이제 훌훌 벗어버리고 영계(靈界)에서 무소불위(無所不爲)의 또 다른 혼불을 영원히 지피시라.

(2021. 12. 『한국문인』)

아빠, 별탈 없으시죠

"여보세요. 아빠, 별탈 없으시죠"
딸에게서 오랜만에 문안전화가 왔다
코로나로 세상이 하도 어수선하니까
많이 걱정스러운가 보다
"그래. 너희들도 괜찮지"
서로 오가지도 못하고 불안해서
전화로, 카톡으로 안부를 주고 받는다

동네 작은 볼일도 마스크를 챙기고
거리두기로 쉬엄쉬엄 걸어가야 한다
이 무슨 위난인가, 환란인가
지구촌이 팬데믹 현상으로
친구 만남도 가족 행사도 없어졌다

삭막한 거리에도 춘삼월은 왔지만

오늘도 확진자들을 돌보는 천사들은
가슴이 차갑다, 시간이 무겁다
주어진 삶의 넓이는 오로지 기도뿐이다.
　　　　　　　　－「시간이 무겁다」 전문

　한자말에 춘래불사춘(春來不似春)이라는 것이 있다. 누구나 봄 같지 않다는 말로 자주 인용하기도 한다. 지난날에도 봄날 같지 않은 계절의 횡포가 있었지만 올해의 봄은 유난히도 우리들 가슴을 조이게 하는 역질(疫疾)이 횡행(橫行)하고 있어서 더욱 어려운 봄을 살아가고 있다.
　작년부터 우리들의 생활과 마음을 뒤죽박죽해 놓은 코로나19는 지구촌 인류를 위난으로 몰아넣고 있어서 여러 가지 사회적인 문제에 위협을 야기시키고 있다. 우선 마스크를 착용해라, 사회적인 거리두기를 해라, 손을 자주 씻으라, 몇 명 이상 모임을 자제해라, 9시 넘으면 영업을 중지해라는 등등의 방역수칙을 지키지 않으면 처벌을 받도록 법적으로 규정하고 있어서 일상생활에도 여간 불편한 점이 적지 않다.
　지난 설날, 우리 고유의 명절인데도 자식들과 일가친척들이 한 자리에 모여 새해를 기원하는 세배를 위한 모임이 없었다. 아들 내외는 오전에, 딸 내외는 오후에 시차별로 시간을 정해서 겨우 세배를 마치고 덕담을 나눈다거나 서로의 새해 설계를 토론하는 일도 없이 그냥 돌아가는 현상이 벌어졌다.
　"할아버지, 할머니 세배돈은 다음 뵈올 때 주세요." 손자, 손녀 녀석들의 개구쟁이적 소망을 전화로 들으면서 한바탕 웃기도 했었다. 가족도 4인 이상 모이면 위법이라서 아이들은 집에 두고 왔단다. 사실은 손자손녀들이 더 보고 싶은데 말이다.

어쩔 수 없는 노릇이다. 이 역병은 지구촌 전체를 팬데믹 현상으로 몰아 전 인류와 자연을 파괴 또는 해체의 수준으로 위협하고 있다. 뉴스마다 오늘의 확진자가 얼마, 사망자가 얼마, 격리수용자가 얼마라는 통계로 슬픈 소식을 전하고 있어서 집안 친척 결혼식에도 불참하는 이상한 현상이 나타나는 대 환란의 시대에 우리들은 다시 봄을 맞이하였다.

먼 산에는 아직도 눈바람이 몰아쳐도 산천에는 꽃소식이 전해지고 있다. 그러나 '연분홍 치마가 봄바람에 휘날리더라'라는 봄노래 가락은 멈춘 지 오래다. 삭막하기만한 세상, 지구의 이 대재앙은 언제쯤 사라질 것인가. 모두가 측은한 표정으로 극복의 의지로 인내하고 있다.

오늘도 병원 일선에서 희생정신으로 치료에 여념이 없는 간호사와 의사들의 정성과 용기와 노력에 그저 감사할 뿐이다. 곧 예방접종이 활성화하면 감염 확진자는 없어지겠지. 그날의 환희를 기원할 뿐이다.

"그래, 아빠는 별탈 없으니 너희들도 조심하거라." 전화로만 안부를 묻는 세상에서 올봄도 무거운 햇살은 무표정하고 어눌한 심정으로 차갑게 내리쬐이고 있다.

-시인 이야기-(2021. 4. 『심상』)

아찔했던 나의 병치레기

 인간이 살아가면서 신체적인 고장으로 아픔을 견디고 이를 치료하기 위해서 병원신세를 많이 지게 되는데 이 상처는 외적으로 어떤 사고에 의해서 발생하는 경우와 평소의 부주의로 내적인 신체의 손상으로 병을 앓는 경우가 있다.
 나의 경우에는 워낙 약골(弱骨)인 신체조건도 있지만 자주 병치레를 겪었다. 어릴 때 이웃에는 마마가 만연해서 또래의 아이들이 죽어나가는 광경을 많이 보았으나 나는 무사히 지내왔다. 그러나 가끔 이질에 걸려서 설사를 하거나 학질을 앓아서 온몸을 오돌오돌 떨었던 기억은 지금도 떠올려진다.
 그때 "엄마 손은 약손이다." 엄마는 따스하고 부드러운 손으로 머리를 쓰다듬거나 배를 만지면서 사랑으로 아픔을 다스리던 일들은 이러한 효험으로 말끔하게 나았던 기억도 새롭다. 어느 날은 동네 쪼무래기들과 우리 집 마루에서 뒹굴면서 놀다가 옆 담장 밑에 핀 아름다운 꽃을 보라는 누구의 말에 뒤돌아 보면서 마루 아래로 굴러 떨어졌다. 그러나 내 이마에는 피가 낭자하여 두 손으로 움켜쥐고 떨고 있을 때 재빨리 엄마가 나타나서 헝겊으로 감싸고 지혈을 했다. 하마터면 눈을 다칠 뻔 했으나 다행이라고 했다.

이튿날 시골 골짝까지 방문하면서 약을 파는 돌팔이 영감님이 전해준 가루약을 바르고 약 15일 만에 나았는데 이게 웬일? 왼쪽 이마에 약 2㎝정도의 흉터가 보기 싫게 남아 있었으나 성인이 되도록 그대로 살았다. 긴 머리칼로 덮거나 모자를 쓰고 이를 감추고 다니던 어느 날 한국연극협회 작가, 연출가인 강유정 선생이 내 이마의 흉터로 좋은 인상을 나쁘게 하고 있으니 당장 수술하라는 권유였다.

그는 서울대 어느 지인 의사에게 전화를 걸고 이튿날 찾아보라는 것이었다. 다음날 그 의사의 진료실로 찾아가서 바로 집도를 하고 흉터를 도려내고 약물로 치료하였다. 우리 집안 친척 중에 갑자, 을축하는 형님이 계셨는데 나의 인상을 보고는 상중하 세 군데에 상처를 입을 일이 있으니 조심하라는 것인데 그의 말대로 발목에, 손바닥에 몇 바늘씩 꿰매는 상처를 치료한 일이 있었다.

그 후 많은 시간이 흐른 후에 직장의 스트레스와 문학한다는 핑계로 그들과 어울려 매일 술 마시는 일이 빈번해지면서 왼쪽 가슴을 치미는 통증을 참을 수가 없어서 동네 병원에 갔더니 부정맥과 위장에 탈이 났으니 좀 더 큰 병원으로 가보라는 의

사의 처방이었다. 대학로 근무처 바로 건너 서울대 병원 내과 과장에게 특진을 받으리라 마음먹고 기다리는 중에 또 한 사람의 은인을 만났다. 예총회원 단체인 한국연예인협회 가수분과 회원이면서 서울대병원 비상계획실장으로 가수활동을 열심히 하는 분이라서 서슴없이 병을 자랑하고 내과과장 특진 예약을 부탁하였다.

거긴 특진 예약을 해도 그렇게 빨리 진찰을 받을 수가 없다는 것이었다. 그는 즉석에서 어디에 전화를 해서 대화를 나누더니 며칠날 부천시 어디로 내과병원을 찾아가라는 것이었다. 즉시 위 내시경을 하고 면담을 하는데 의외로 위에 조그마한 점이 보인다면서 콩알보다도 작은 약을 2주일분 처방해주고 2주 후 며칠에 오라는 것이었다.

웬일일까. 약 복용 이틀 만에 통증은 사라지고 아무런 증상이 없었다. 나는 그 의사에게 기적이라고 말했다. 다시 2주 후에는 헬리코박터균까지 잡아야 한다면서 이제는 파란색 약을 처방받아 모두 복용한 후에는 지금까지 위장병에는 아무 이상 없이 지내오고 있다.

그 후 오랜 시간이 흐른 후에는 또다시 내 육신에 큰 변고(變故)가 일어났다. 어느 날 문학기념회에 참석하고 과음을 했나보다. 귀가해서 잠들었으나 평소의 습관대로 새벽 4시에 일어나 밀린 원고를 마저 썼다. 조반식사 시간까지 재떨이에 쌓인 담배꽁초가 무려 18개비. 놀라지 마시라. 하루에 세 갑의 담배를 피웠으니 골초에다, 과음에다, 과로가 겹쳐서 발병한 것 같다. 잠깐 쉬면서 담배를 피워 물었는데 담배개비가 손끝에서 저절로 마루에 떨어졌으나 옆에서 아내가 왜 그러느냐고 묻는데 말문이 막혀서 답변을 할 수가 없었다.

마침 5월 5일 어린이날이라 아들이 집에서 쉬고 있어서 급히 동네 병원을 찾았으나 큰 병원으로 빨리 가보라는 말에 강북삼성병원 응급실에 도착했더니 바로 MRI, CT, X-ray 등 검사를 마치고 입원을 했다. 1주일간 정밀검사 후 처방전을 들고 퇴원해서(2009. 5. 5.~13. 신경과) 지금까지 그 약을 복용하면서 3개월마다 재진(再診)을 받으면서 무탈(無頉)하게 지내고 있는 것이다.

나의 존재를 확인해본 일이 있는가? 몇 년 전부터 두 달에 한번 정기검진을 받기 위해 강북삼성병원 신경과를 찾는다. 혈압도 정상, 혈당도 정상. 그런데 왜 병원에 와서 상담을 하고 혈압약, 당뇨약 등 약처방을 받아서 매일 복용해야 하는지? 담당의사는 말한다. 예방을 해야 큰 병이 침노하지 않아요. 아아, 그렇구나. 넘어질 뻔했던 육신이 그 기능을 다할 때까지 부족하거나 혹은 넘치는 혈류(血流)의 향방을 잔잔하게 간추리는 생명 존재의 잠언(箴言). 신경과 병동에는 뇌졸중 환자들이 진료를 기다리면서 자신의 존재를 확인하고 있다. 너는 어떠냐. 반신이 마비되어 보행(步行)이 불편한 환자들과 섞여있으면 아직 나의 존재는 건재(健在)함을 느끼지.- 담배를 끊으세요. 술을 줄이세요. 설탕커피는 나빠요. 운동을 하세요- 귀에 쟁쟁한 훈시

(訓示)가 나의 존재를 실감나게 흡인(吸引)하고 있다.
- 「나와 너의 장법(章法) · 50」 전문

이렇게 환시(患詩)를 몇 편 써서 그동안의 경위를 메모해 두었다. 다시 나에게는 노환(老患)인지는 알 수 없지만 신체에 이상이 발견되고 있다. 정기건강검진에서 나타난 폐와 위에 조그마한 점이 보여서 4일간 입원(2023.12.18.~22.)해서 정밀검사를 한 결과 폐에 종양 초기로 판정되어 지금도 치료 중에 있는 것이다.

나의 병치레는 다양하다. 병들고 나서 육신의 소중함을 느낀다. 평소에 유해한 음식 조심과 적당한 운동 그리고 무욕(無慾)의 건전한 정신이 건강유지에 도움을 줄 뿐만 아니라 장수(長壽)에도 영향을 미치니 모두들 유념해야 하겠다.

(2023. 12.)

주유소를 찾는 시인들

여름 열사(熱沙)의 바닷가 모래밭에서 벌어진 심상해변시인학교에 시인들만 무려 100여 명이 참가하였다. 진행요원과 담임 시인으로 차출된 시인들을 제외하고는 무료한 시간을 나무 그늘에 모여서 시담(詩談)을 하거나 몇몇은 벌써 근처 주점(酒店)에 한 자리를 차지하고 일배일배 부일배(一杯一杯復一杯)를 즐기고 있었다.

어느 선배가 말했듯이 술을 못 마시는 사람은 시인될 자격이 없다는 교훈(?)을 철저하게 실천이라도 하는 양 시인들은 술마시기를 좋아한다. 저녁때 모든 일과가 끝나면 삼삼오오 짝을 이루어 학교 근처의 술집을 찾아 헤맨다. 누가 외친다. "주유소가 없어." 그 주유소는 바로 이 '酒有所', 술이 있는 곳, 술집, 대폿집, 주점을 찾고 있는 것이다.

다음날 교문 밖에는 누군가가 큼직한 글씨로 '酒有所 ➤'라고 친절하게 술집 가는 길 방향을 표시해 놓고 주객(酒客)들을 유인하고 있어서 누구나 쉽게 술집을 찾아가서 회포를 풀 수 있었다. 자동차 기름 넣는 주유소를 해학적으로 표기한 기발한 아이디어에 놀라서 모두들 화살표 쪽으로 찾아간 술집에는 이미 만원사례였다.

우리 문단에는 오래전부터 주류(酒類) 3인방이 널리 알려져 있었다. 문학 행사에 모이면 으레 주점부터 찾아나서는 술 애호가들이다. 수원의 임병호, 양평의 정성수, 그리고 서울의 나였다. 우리들은 행사 있는 날만이 아니고 가끔 통화해서 서로 주회(酒會)를 부정기적으로 갖는다. 그러나 요즘은 정성수가 늑막염인가 앓아서 금주했다가 청하 1병은 거뜬하고 임병호도 심장병을 앓아서 완전 금주상태라서 그 후에 동참한 정순영 총장과 자주 만나서 소주와 맥주를 섞어서(말아서?) 홀짝이면서 이런 저런 담소를 나누고 있다.

나는 어릴 적에 아버지가 밥상을 받을 때마다 술 주전자 함께 등장하고 반주(飯酒)를 즐기는 것을 보아왔다. 그래서 나도 자연 술 시중을 들면서 홀짝홀짝 한 잔씩 먹었던 기억이 난다. 아마도 이렇게 한 음주연습으로 술을 배우고 애주가가 되지 않았나 생각한다. 그러나 술 마시고 주정(酒酊)을 부리거나 누구와 시비를 하거나 비인간적인 행동을 하거나 또는 실수를 한 바는 없었다.

가끔 나를 모함하는 자들이 나를 알콜 중독자라느니 술주정뱅이라느니 술만 마시면 추태를 부린다느니 등의 온갖 비하(卑下)로 모욕(侮辱)하는 유언비어를 문단에 퍼뜨린 일도 있으나 나는 전혀 무관하기에 대꾸를 하지 않았다.

  나는 술에 관한 시를 많이 썼다. 이를 칭(稱)해서「술 詩」라고 시제(詩題)를 붙여서 약 20여 편을 써서 제13시집에「참새 방앗간을 그냥」이란 소제(小題)로 수록한 바 있다.

> 별 다른 행사가 없는 날에는
> 혼술(혼자 술마심)을 마다하지 않는다
> 혼자 마시지 않는다, 집에서 먹지 않는다
> 옛날 자주 지껄이던 음주 작심(作心)이
> 울적하다, 답답하다는 핑계로
> 지금 서서히 무너지면서 혼자서도 즐긴다
> 그대와 마주 앉아 대화를 하면
> 주저하지 않고 내 심정을 경청한다
> 산다는 것이 무엇이냐
> 인생이란, 사랑이란 무엇이냐는 등
> 결론적으로 시는 무엇이다라는
> 나름대로의 정의가 모아지면
> 스산하던 영혼도 가을 하늘처럼 맑게 개인다
> 어쩌면 그대의 비밀스런 마법이
> 나의 서글픈 심중의 고통을
> 한 잔 한 잔 속에 풀어 희석시키는가
> 어제는 친구가 죽어 슬퍼서 한 잔
> 오늘은 옛 여인 전화가 와서 또 한 잔

내일도 비틀거리던 허무가 사라져서. 일배 일배 부일배(一杯
一杯 復一杯).

- 「혼술에 대한 미련」 전문

사람들은 간혹 술을 왜 마시나, 마시면 무슨 효과가 있냐는 등의 질문을 하는 사람이 있다. 나는 나름대로 술 철학이 있다. 술을 마시면 우선 기분이 솔직해지고 대담한 용기가 생기고 교우(交友)관계가 원만해고 혈액순환이 잘된다는 점을 술 마시는 변(辯)으로 토하고 있다. 그리고 나름대로 터득한 주법(酒法)이 있어서 이를 지키려고 애쓰는 편이다.

遠近不問(원근불문) : 멀거나 가깝거나 불문임
淸濁不問(청탁불문) : 청주나 탁주나 구분치 않음
外現不問(외현불문) : 외상이냐 현찰이냐 따지지 않음
晝夜不問(주야불문) : 밤낮을 가리지 않음
老少不問(노소불문) : 노인이나 젊은이나 상관없음

이를 5대 주법이라고 한다. 이런 주법을 양주동 박사의 『문주반생기』나 변영로 선생의 『명정 40년』, 조지훈 시인의 『주도유단』, 김진섭 선생의 『주중교유록』, 신동한 평론가의 『문단주유가』 등의 문헌에도 없는 누가 교묘하게 만들어낸 주법이지만 나는 이를 헌법처럼 준수하는 편이다.

또한 이태백의 시 「월하독작(月下獨酌)」에서 "꽃 아래 한 독

술을 놓고/ 홀로 앉아서 마시노라/ 잔 들자 이윽고 달이 떠올라/ 그림자와 세 사람일세.(花下一壺酒 獨酌無相親 擧杯邀明月 對影成三人)"라는 구절처럼 혼술도 좋고 몇 주당(酒黨)이 모여서 회포(懷抱)를 푸는 주석(酒席)도 좋은 추억이 되는 것이다.

한편 주당들이 술잔을 높이 들고 외치는 건배(乾杯)제의가 있다. 대체로 "위하여"를 외치는데 여기에는 건강과 성공 등을 기원하는 함의(含意)가 있지만 좀 더 구체적으로 "누구의 성공을 위하여"를 언급하면서 술잔을 부딪는다. 어떤 주우(酒友)는 진달래(진짜로 달래면 줄래?)를 외쳐서 웃음과 핀잔을 함께 받은 적도 있었다.

"이 세상에 술이 없으면 무슨 재미로/ 해가 뜨도 술, 밤이 되도 술술/ 술 한 잔이 최고야/ 아니야, 아니야 연대(延大)가 최고야." 연고전(延高戰)이 벌어진 날 밤 신촌 로터리에서 응원가가 높이 울려 퍼진다.

주마간산의 금강산 문학체험

　우리가 무엇인가 그리움을 지닌다는 것은 동시에 희망을 간직하고 있기 때문에 더욱 아름다운 것인지도 모른다. 하물며 반세기가 넘도록 북녘땅 고향을 꿈에서도 그리워하는 실향민들이 눈물로 삭여온 통일에 대한 희망은 금강산 관광이라는 이름으로 고향쪽 땅을 한 번 밟아보는 짧은 기대가 멀지 않아 남북통일로 이어지는 역사적 전환의 큰 계기가 될 것을 진심으로 소망하는 한(恨)일지라도 이러한 비극적인 그리움에 대한 희망을 버리지 못하고 기약없이 기다려보는 인내가 어쩌면 우리의 현실적 정서인지도 모른다.

　얼마 전 '금강산 문학체험'이란 배부른(?) 대열에 어찌하여 나도 끼이게 되어 동해항에서 금강호 뱃길에 올랐다. 울긋불긋 차려입은 관광객들 중에는 남들이 알 수 없는 쓰라린 망향의 한을 달래기 위해서 이미 수차례의 또 다른 금강산 여행이 있었지만 초입에 참가하지 못한 할아버지와 할머니들의 모습도 더러 보였다. 모두가 설렘과 흥분으로 가슴 뛰는 시간이었지만 이분들의 마음은 오죽했을까.

동해 바다는 벌써 어둠이 깔리고 검푸른 파도가 달려오고 있었다. 선상 귀빈식당에서는 시인들이 모여 통일에 대한 문학강연과 시낭송, 시화전이 함께 열렸지만 갑판에서 바라보는 밤바다의 정취는 야릇한 상념에 젖게 했다. 보이지 않는 선 하나로 남과 북을 갈라놓은 군사분계선을 넘을 때는 괜히 이국땅에 들어가는 느낌을 떨치지 못하는 것도 그동안 너무나 많은 단절의 벽을 이제사 넘어간다는 당혹감에서 이리라.

  철책선 너머
  얼어붙은 땅에는 지금도
  한풍(寒風)이 불어 넘고
  단절된 폐허의 지평선엔
  탄흔(彈痕)도 지워졌지만
  반세기 지나도록 피눈물의 수수께끼
  오, 해동(解凍)의 기미는 보이지 않는다

  그렇게 옭아맨
  붉은 의식의 깃발은
  고성능 스피커에서 두렵기만 한데
  산야가 얼룩진 핏빛 한으로 남았느냐
  북녘의 겨울은 언제나 갚다

전망 랜즈 속 다가오는 능선 저 멀리
푸르렀던 나무들은 아직도 빨갛게 얼어 있다.

언젠가 썼던 겨울 시 몇 편 중에서 「동토(凍土)」를 북한쪽 갑판에서 다시 읽어보는 감회는 웬일인지 소름을 돋게 했다. 육로로 가면 불과 한 시간의 거리를 무려 열한 시간이나 걸려서 북한의 장전항으로 들어갈 수 있는 12해리 밖 도선구역에 도착했다. 북한의 시커먼 군함이 이끄는 대로 장전한 부두로 향했지만 아직 선착장이 마련되지 않아서 배는 바다 한가운데 떠 있었다. 다시 갑판에 바라보는 북한땅, 한마디로 적막강산이다. 항구가 보이기는 하지만 새벽 전등불이 전혀 보이지 않고 사진을 찍지 말라, 쌍안경으로 조망하지 말라, 안내원의 엄격한 당부는 더욱 마음을 저미게 하고 있었다. 참으로 어려운 입국절차를 거쳐서 둘러본 만물상이나 구룡폭포도 절경이었지만 지금까지 가슴 뭉클하게 남아서 지워지지 않는 또 하나의 아픈 정경이 있다. 금강산 이야기는 봉래산, 풍악산, 개골산을 모두 보고난 뒤에 하라는 어느 명언처럼 한 계절의 풍광만으로는 이러니저러니 할 것은 못되지만 저들의 모습은 너무 적막하고 삭막했다.

금강산으로 향하는 길, 현대건설이 새로 닦은 도로 양옆으로 산 입구까지 쳐진 철조망이며 50m 간격으로 부동자세의 경계 근무 중인 나이 어린 북한 군인들의 모습이며 철망 너머 논에서 못자리 공동 작업을 하는 주민들의 모습이며 유령 같은 회색콘크리트 건물이며 멀리 개울에서 빨래하는 아낙네와 빨래를 개울바닥에 널어 말리는 모습이며, 꾀죄죄한 어린이들의 손 흔드는 모습들을 차창으로 응시하면서 어쩐지 측은해지기까지 했다. 더구나 산을 오르다 보면 붉은 글씨로 새겨서 곳곳에 세워져 있는 김일성 어록비나 그가 다녀갔다는 표지비는 또다시 마음을 어리둥절하게 만들었다. 이미 어느 글에서 읽고 익히 알고 있는 사실이었지만 정말로 상상을 초월하고 있어서 다시 놀라지 않을 수 없었다. 특히 이런 표지석이 있는 곳에는 어김없이 남녀 감시원이 배치되어 우리의 행동을 감시하고 있다. 유념해야 할 일은 저들이 가장 신성시하는 것이므로 누구도 손발로 만지거나 짚으면 안 되고 어떤 물건을 얹어도 안 된다. 만약 실수로 이와 같은 행위가 있으면 즉각 관광증을 압수당하고 규격화한 반성문을 써야 하며 몇 백 달러의 벌금을 물어야 해결되었다. 우리의 일행 중에는 실제로 우비를 벗어 이 빗돌 위에 얹었다가 곤욕을 치른 일이 있었다.

  금강산은 아직도 무공해지대였다. 지금 막 산색은 연초록이 들면서 기지개를 켜고 있는 만물상 오르는 계곡, 저마다의 전설을 간직한 기암괴석의 대자연은 탄성을 자아낸다. 쌍촛대바위, 삼형제바위, 삼선암, 귀선암, 절부암 등 그 자태는 태고의 신비를 그대로 간직한 천하절경에 틀림없다. 가파른 철제사다리를 기어올라 천일문 좁은 바위문을 지나 드디어 천선대 정상에 도착하면 금강 최고의 걸작인 만물상이 한눈에 들어와 천태만상의 바위와 천년신비의 언어를 전해주는 물소리에 그만 넋을 잃고 말았다. 다음날 온정리에서 신계사 절터까지 자동차로 이동해서 목란관을 지나 금강문, 옥류동, 연주담, 비룡폭포, 구룡폭포로 가는 길도 마찬가지로 비경이었지만, 그 넓은 바위마다 붉게 새겨진 주체사상 운운의 글씨는 분단의 민족적 비극을 흐느끼는 폭포수로 남아 있는 듯하다.

아, 그리운 금강산. 그렇게 가보고 싶었던 금강산을 다녀온 지금, 그 신비의 절경보다는 북녘 동포들의 가슴 아린 기억들만 가득한 것은 어쩐 일일까. 문학체험, 분명한 것은 신선들이나 유유자적하던 발자취도 중요하고 천하비경을 작품으로 형상화하는 일도 더욱 중요하다. 그러나 빙산의 일각을 주마간산(走馬看山)으로 지나쳐 보았지만 한민족, 우리의 동포가 어쩌다가 서로 원수 대하듯 얼어붙어 실로 오랜 세월 만에 그 땅을 밟아보고 그들의 생활상을 그냥 담아둘 수가 있을까 싶다. 언젠가는 자유로운 왕래가 되고 민족의 숙원인 통일도 이루어지리라는 기대는 변함이 없지만 글쎄, 우리 문학이 감당해야 할 진정한 몫이 무엇인지 자성해보는 이번 금강산 문학기행은 그 의미가 자못 크지 않을 수 없었다. 언젠가 다시 가서 보고 싶을 뿐이다.

(1999. 3. 25.~26. 금강산 다녀옴)

개성 박연폭포에서 황진이를 찾다

나는 북한 땅을 밟을 기회가 몇 번 있었다. 북한을 방문한다는 것은 어딘가 모르게 가슴 설레는 일이다. 지난 1999년에 금강산 문학기행 후에도 '남북문교류'라는 명목(名目)으로 그야말로 남북의 문학인들이 한 자리에 앉아서 문학을 이야기하면서 문학을 통한 민족의 동질성 회복을 위한 그 첫 모색작업으로 서로 만나기로 극적인 합의가 있어서 1차로 서울에 북한 문인들을 초청하여 역사적인 문학교류사업을 실행하였다.

그 후에 평양에서 2차 방문행사의 일정과 참가범위, 방법 등을 확정하고 방북교육까지 완료하고 출발할 날만 기다리고 있었는데 이게 웬일? 북한 땅이 온통 홍수를 입어 교통이 단절되고 마비가 되어 지정된 날짜에는 래북(來北)이 불가하다는 통보가 왔다는 것이다. 방북경비는 반환받았지만 무엇인가 잃어버린 느낌이 들었다.

그래서 연기하다가 북측에서 금강산에서 제2차 문학교류대회를 개최하자는 제안이 오고 우리 정부가 수락하였으나 나는 불참하기로 했다. 평양 방문의 꿈이 사라졌고 금강산은 한번 가봤던 곳이기도 했다.

얼마간의 시간이 흘렀다. 한국문인협회가 관계기관과 협의해서 개성을 방문(2008. 4. 30.)하게 되었다. 개성하면 송도삼절(松都三絶: 서화담, 황진이, 박연폭포)과 선죽교 그리고 개성공단으로 연결하는 관광과 동시에 고려의 역사적인 유적이 사유(思惟)의 확장으로 자리하기 때문에 여러 가지의 상념(想念)에 사로 잡혔다.

우리는 국립인천공항검역소 김포지소 도라산사무소에 도착하여 장황한 주의사항을 듣고 분단경계선을 통과하는 간단한 절차를 거쳐서 버스는 북으로 달리고 있었다. 개성이다. 민둥산 뿐이고 건물들은 회색이거나 빛바랜 채 서 있었지만 거리에는 통행하는 사람이 보이질 않았다. 다만, 창문 커튼을 비스듬히 열고 우리 일행이 지나가는 모습을 숨어서 내다보는 광경도 볼 수 있었다.

우리는 북측 안내원의 안내에 따라서 먼저 박연폭포를 찾았다. 내 고향 황계폭포와 별반 크게 다를 것이 없었지만 우선 송도삼절 중에서 박연폭포에 대한 안부를 물은 것이다.

    분단 몇 년 만에 나선 개성 여행길
    우리 공장 들어와서 북한 동포 도움 주고

이젠 통일로 가는 길이 빠르겠구나
민둥산을 돌아돌아
마주한 박연폭포
송도(松都)삼절(三絶)은 어디 갔나
몇백년을 한으로 펑펑 쏟은 눈물
그 흐르는 화음은 예대로인 채
불변의 강산에 전설로 남아있다
황진이 누님이여
서화담 선생을 모셔와 그날의 흥취를
노래하소서. 사랑을 나누소서
폭포여, 언제 만날 수 있을지 의문이구나.
            -「개성 박연폭포에 와서」 전문

    수천 년을 무슨 원한의 분노를 분출하듯 펑펑 쏟아지는 폭포수에 멍하게 시선을 뺏긴 것은 그 예날 황진이 누님과 화담 서경덕 선생이 시주(詩酒)와 가무(歌舞)의 낭만을 즐기면서 교유(交遊)했을 현인들의 낭만에 대하여 잠시 유추해본다. 그들은 가고 없는 빈 산골에서 낯선 관광객이 "산은 옛산이로되 물은 옛물이 아니로다/ 주야에 흐르니 옛물이 있을 손가/ 인걸도 물과 같도다 가고 아니 오노매라." 황진이 시조 한 수를 외우고 돌아 섰다.
    우리는 다시 개성시내에 나와서 선죽교에 왔다. 포은 정몽주가 이방원의 철퇴에 맞아서 돌아가신 핏자국이 지금 남아 있다는 전설 같은 다리. 여기에서 이방원이 포은을 회유하기 위해서 「하여가(何如歌)」를 선창(先唱)하였으나 포은은 「단심가(丹心歌)」로 답창을 해서 비극적인 최후를 맞았다는 전설 같은 역사적인 현장을 돌아보면서 고려의 멸망과 이씨조선의 건국에 대한 비화(悲話)를 다시 새겨보았다.

    이방원의 철퇴소리와 포은 선생의 비명이 아직도 들린다. 검붉은 혈흔(血痕)이 길손을 붙들고 한이 맺힌 충절의 노래 「단심가(丹心歌)」를 들려준다. '이 몸이 죽고 죽어 일백 번 고쳐 죽어/ 백골이 진토되어 넋이라도 있고 없고/ 임 향한 일편단심이야 가실 줄 있으랴' 황해북도 개성시 선죽동-한석봉의 글씨로 새긴 빗돌 '善竹橋'-어머니의 말씀대로 까마귀 싸우는 골에는 백로가 가지 말았어야 하는데 또 '만수산 드렁칡이 얽혀진들 어떠리' 이방원의 「하여가(何如歌)」도 아예 듣지 말았어야 하는 건데, 아아, 이젠 전설로, 역사로 남았으나 분단선 저 너머로 다시 찾아갈 수 없는 슬픔만 풀풀 날리는데.
―「개성 선죽교에 와서」 전문

나는 돌아와서 시 두 편을 완성했다. 지금도 북측 안내원이나 경비원들의 매서운 눈초리만 어른거리면서 우리 땅, 같은 민족이면서 분단의 고통을 지금까지 해소 못하는 우울한 개성 관광이었다. 더욱이 개성공단이 폐쇄되고 남북연락사무소마저 저들이 폭파시키는 만행에 다시 분노보다는 암울한 현실의 대한민국을 안타깝게 하고 있는 것이다.

(2024. 2. 『心象』)

백두산 등정(登頂) 유감

　나는 꿈에 그리던 백두산을 세 번이나 올랐다. 단순한 관광이 아니고 한국문인협회에서 주관하는 해외심포지엄에 참가한 것이다. 1991년 7월 24일 중국 북경에서 한국문협 해외심포지엄에 참가하면서 지금까지도 중국과 정식 수교가 되지 않아서 무역대표부 준비요원 몇 명이 겨우 한국과 국가적인 정보만 교환하는 처지라서 우리 일행은 일본 동경 나리타공항으로 가서 다시 중국 상해행 비행기로 바꿔 탔다. 다음날 북경 심포지엄 장소에 도착해서 행사를 마쳤다.
　처음 대하는 공산주의 중국은 어쩐지 삭막했으나 식당과 술집 등은 경제활동이 활성화 되는 양상이었다. 북경시내 자금성 등을 관광하고 연길로 향했다. 연길에서 백두산 정문에서는 군용 지프차에 분승(分乘)해서 백두산 꼭대기 천지(天池)까지 올랐다. 입구 입산환영 간판에는 '장백산'이라고 표기되어 있어서 어리둥절했으나 중국에서는 자기의 영토 표시로 장백산이라고 한다는 가이드의 설명이었지만 조금은 어쩐지 씁쓸했다.

 이 날은 안개가 짙어서 천지를 보는 것이 어려웠다. 일년에 약 15일 정도만 화창한 천지를 감상할 수 있다는 말에 한 시간을 기다려도 개이지 않아서 부득이 하게 하산하였다. 행사를 마치고 귀국하여 시「백두산」을 두 편이나 썼다.

  누가 이 영봉에 오르는 길을
  막았는가, 소망을 막았는가
  허리 짤린 몸둥아리의 한스런 날들이
  안개비에 젖은 채 삭여지고 있다
  누군가 대한민국 만세를 부른다
  조심스럽게 응답하는 천지의 물결
  그 장관이 지워져 간 역사 위에
  불현듯 다가오는 한반도

  내 다시는 이 길로 당신을 찾지 않으리라
  우리 땅
  우리 길
  우리 산을 올라
  환하게 열린 창조의 햇살을 맞으리라

  신비로움만 내 작은 온몸을 감싸 안고
  안개 속을 떠간다
  반만년 신화가 내 앞에 꿈틀대는 순간

> 천지여, 푸른 물 깊이 잠긴 어둔 한 자락 한이여
> 다시 대한민국 만세를 몰래 부르고
> 큰절을 올린다, 누군가 침묵뿐이었다
> 골 깊은 인욕(忍辱) 한 조각 둥둥 떠가는데.
> 　　　　　　　　　　　　　　－「백두산·2」전문

　다음은 2007년 9월에 한국소설가협회에서 연길심포지엄에 참가하고 이번에는 서파쪽으로 백두산을 올랐다. 여기서는 1,442개의 계단을 올라야 천지를 볼 수 있었다. 천지 주변에는 관광객 사이로 중국 경비병들이 서있었다. 특이한 것은 '中朝境界線' 표말로 중국과 북한을 나누고 북쪽으로는 출입금지였다. 이 경계선에서 천지를 바라보면 수면 정중앙으로 보이지 않는 선을 그어놓고 경계선 아니 국경선으로 삼았다.
　그 다음은 2015년 6월에 한국통일문인협회 문학기행에 참가하여 이때에도 서파쪽 계단을 올라서 천지의 푸른 물결을 조망(眺望)하였다. 날씨도 화창하여 우리 땅 백두산 천지를 자유롭게 드나들 수 있는 날이 오기만을 두 손 모아 기원하고 있었다.

> 서파 1442계단을 올라
> 백두산 천지와 교감한다
> 몇 년 전 안개에 가려진 이곳에서
> 다시는 중국의 장백산을 오르지 않겠다는
> 다짐도 무용으로 바람에 날려가고
> 조선과 중국의 경계비 앞에서

다시 사진을 찍고 있다
통일이 되면 우리 땅으로
백두산을 오른다는 소망은
언제까지 요원한가
구름 한 떼가 중국에서 북한쪽으로 넘어간다
다시 백두산 천지 앞에서
중국 공안원의 눈길을 피하면서
한민족 소원 그 묵언의 기도만
바람으로 날리고 있는데
아아, 들리지도 않을 애잔한 함성을
장엄한 저 푸른 물결이 찰랑찰랑
분단의 비극 역사를 잊은 채
한가롭게 음미하고 있었다.

- 「다시 백두산에서」 전문

세 번째 백두산을 오르면서 왜 우리 땅으로 백두산을 오르지 못하고 남의 땅 장백산을 올라서도 아아, 감격의 함성을 지르고 있는가. 분단의 비극, 이산(離散)의 애통함 이러한 민족적인 비극의 현장에서 분통터지는 하소연만 남기고 돌아선다. 중국 공안이 경계선 저쪽으로 넘어가지 말라, 사진도 찍지 말라, 그쪽 경비병(북한군)을 노려보지 말라 등등의 금지조항만 듣고 계단을 내려왔다.

4.
아니, 이런 요행수가

조선사 따라 배우기 몇 가지

극작가로서 방송국에서 실록 대하드라마 '조선왕조 500년'을 장장 8년간이나 집필한 신봉승 선생이 쓴 '지혜로운 삶을 위한 역사산책'『신봉승의 조선사 나들이』를 읽으면서 조선조의 역사에 대하여 문외한임을 스스로 깨달아 몇 차례 통독(通讀)한 사실이 있다.

이 역사에는 정사(正史)가 있고 야사(野史)가 있는데 정사는 정론의 역사이고 야사는 정론 이외의 뒷이야기 등을 말한다. 삼국사기와 삼국유사가 그 대표적인 역사이야기인데 삼국사기는 신라, 백제, 고구려 삼국에 대한 실제로 일어난 사건을 중심으로 기술하였고 삼국유사는 말 그대로 유사(遺事), 전해오는 오는 이야기 중심으로 기술한 역사서라고 할 수 있을 것이다.

이 조선사 나들이는 신봉승 선생이 직접 이조실록을 중심으로 벌어진 사건들을 재미있게 기술하여 궁궐 안 조정에서 일어나는 세세한 사건들을 모두가 이해할 수 있도록 해부를 해놓고 있다.

여기에서 눈에 띄는 몇 가지 사실들을 간추려서 배워보기로 하자. 먼저 태조, 세종, 연산군 등 왕의 칭호를 조(祖)와 종(宗) 그리고 군(君)으로 세분했는데 조는 무력이나 불법으로 정권을 탈취한 임금에게 묘호(廟號)가 붙여진다. 태조, 세조, 선조, 인조, 영조, 정조, 순조가 여기에 해당되고 연산군, 광해군은 폭정이나 난정(亂政)으로 인해 보위에서 쫓겨난 임금을 군으로 붙였으며 나머지 종은 덕이 있는 임금이다.

조선조 태조에서부터 제27대 순종까지 임금의 행적이나 궐내(闕內)의 사건들을 기록한 왕조실록이 있는데 이는 '실록청(實錄廳)'에서 사관(史官)들이 기록하게 되지만 각기 사관들이 기록물을 엄정하게 선별해서 제1초(草)로 하고 다시 정밀하게 검토해서 재초(再草)로 하고 다시 당상(堂上)들이 엄정하게 선별하여 삼초(三草)로 해서 문장과 필치에 능한 사람이 정리하여 인쇄에 들어가게 된다.

이러한 산별과정에 채택되지 못한 사초(史草)들은 물에 불려서 먹물의 글씨를 지우는데 이를 세초(洗草)로 한다. 이 세초를 통해서 채택되지 못한 사초로 인해 불미스런 분쟁의 여지를 아예 없애버리는 것이었다. 또한 이 실록은 임금은 열람하지 못하는 규범이 있었는데 이는 혹시 불미스런 비정(秕政) 등을 권력으로 고칠 우려가 있기 때문이란다. 이 실록이 완성되면 강원도 오대산, 평안도 묘향산, 강화도 정족산에 사고(史庫)를 두고 승병(僧兵)들로 하여금 철통같이 경비하게 하여 아무도 접근하지 못하게 하였다.

또 하나는 조선조의 여성들은 남편의 지위에 따라서 외명부(外命婦)의 품계(品階)에 따라 남편이 정승이나 판서가 되면 부인은 정경부인이 되고 참판 서열에 오르면 부인은 정부인으로 봉록(俸祿)되고 참의(參議)가 되면 숙부인이 된다. 이런 법도에 따라서 숙인, 여인, 혜인, 공인, 의인, 안인, 유인으로 부인들도 예우를 하였다. 그래서 남편이 아무런 직위가 없이 세상을 떠났다면 '학생부군'이라는 위패나 묘비에 세기고 부인 사망하면 '유인'이라고 부르게 된다.

다음은 '화냥년' 이야기이다. 지금 서울 석촌호숫가에 '삼전도비(三田渡碑)'가 서있는데 이는 병자호란의 비극까지 거슬러야 한다. 인조는 삼전도에 마련된 수항단(受降檀)에 올라가 천태종 홍타이치에게 세 번 절하고 아홉 번 머리를 조아리는 치욕의 삼배구고두(三拜九叩頭)로 항복의 예를 올렸는데 임금이 적 앞에서 머리를 조아리는 수모를 겪었다.

이제 홍타이치는 소현세자와 봉림대군의 내외, 그리고 많은 학자와 상궁나인들과 규중처녀, 내당마님 등 60여 만 명이 인질로 잡혀갔다. 이 중에서 화친론으로 홍타이치에게 항복해서 국민들의 생명을 보전해야 한다는 최명길과 저들에게 머리를 숙인다는 것은 매국노라는 김상헌의 의견 대립에서도 화친론의 최명길의 주장이 받아들여지고 김상헌은 전범으로 심양에 끌려갔다.

> 가노라 삼각산아 다시보자 한강수야
> 고국산천을 떠나고자 하랴마는
> 시절이 하 수상하니 올동말동 하여라

김상헌은 이런 시 한 수를 남기고 떠났다. 그런데 함께 잡혀갔던 여인들은 어떻게 되었을까. 그 후 최명길의 노력으로 고국땅을 밟게 되었다. 이들을 환향녀(還鄕女)라 불렀는데 이들을 모두 제대로 받아들여지지 않고 '화냥년'이라고 와전되어 멸시를 당해서 갈 곳이 없었다. 이들을 구제하기 위해서 강원도 소양강, 충청도 금강, 황해도 예성강, 평안도 대동강을 회절강(回節江)으로 정하고 여기에서 몸을 깨끗이 씻고 나오면 그런 오명을 벗게 하여 모두 집으로 돌려보냈다. 만약 이렇게 회절한 환향녀를 받아들이지 않으면 국법으로 다스렸다는 것이다.

그때 TV에서 이 드라마 시작시간이면 모두 모여 시청하면서 역사적인 사건들에서 장면이 희비가 엇갈릴 때마다 가슴 조이던 모습이 떠오른다. 역시 역사드라마는 새로운 상식을 제공하고 백성들이나 조정의 애환이 짙게 부각되어 흥미를 더하고 있는 것이다.

고뇌와 만남의 뜻은

　사랑의 계절이다. 햇살이 따갑고 목덜미 후줄근히 스며드는 땀을 훔치며 창문을 열어젖힌다. 신록 속에 감춰진 엷은 소망들이 한 줄기 시원한 소낙비에 흠뻑 젖어 버리고 싶은 여름, 마음들은 벌써 짜증스런 일상의 껍데기를 훌훌 벗어던진 채 산으로 바다로 앞서 가고 있다. 대자연의 섭리를 더욱 여름에 실감할 수 있는 것도 산과 바다에서 살아 숨 쉬는 낭만과 추억이 넘쳐흐르기 때문이다.
　넉넉함을 예견케 하는 저 푸른 나무숲에서 혹은 망망대해로 무작정 헤엄이라도 치고픈 청람빛 바다에서 우리들은 감미로운 사랑을 노래하고 가슴 가득가득 맑게 채워지는 영혼의 그림자를 만날 수 있으리라. 사랑하고 싶다. 내 마음 모두를 아지랭이 타오르듯 실감나는 열정으로 불붙이고 싶다. 여름을 사랑하고 여름에 만난 아름다운 추억을 사랑하고 추억을 갖지 못한 이들의 고뇌 위에 무한한 사랑과 연민을 쏟고 싶다.
　시와 시인을 사랑하고 모든 예술을 사랑으로 대하며 인생과 영원한 삶의 지혜를 모두 사랑하겠다. 살아가면서 지난날의 고뇌를 생각하면 현재의 생활방향에 많은 제시가 있었다. 고뇌는 정신적으로 우리들의 성장을 위하여 없어서는 안 되는 과정이며 요건일까. 성장하였다는 표적이 다름아닌 고뇌 그것이다. 고뇌 없는 생활은 다른 형태로 발전할 수 없다고 톨스토이가 외쳐댄다. 이러한 인간들의 고뇌를 나는 사랑하고 싶다. 고뇌 속에서 정신적인 성장의 의미를 찾는다면 환희와 광명이 새벽 하늘처럼 밝아올 것이기 때문이다.
　인생은 어차피 눈물의 골짜기가 아니라는 속성을 믿는 나에게도 고뇌의 늪에서 허우적거린 적이 있다. 빈한(貧寒)한 가세(家勢)의 탓도, 나약한 의지의 부산물로도 돌리고 싶지 않았던 각고(刻苦)의 처절한 나날의 연속은 차라리 나에게 증오의 그늘만 더할 뿐이었다. 그러나 그때의 상황에서 간직한 깨우침은 너무나 크다고 하겠다.
　어느 해 여름, 해변시인학교 바닷가에서 S시인을 만나게 된다. 참으로 진정한 삶의 지혜를 나의 고뇌 위에 사랑으로 응축시켰다. 몸과 마음이 화해되지 못한 채 가슴에만 부딪히는 파도 소리, 오래도록 화해될 수 없는 영혼의 불투명함, 동강난 내 몸과 마음이 파도와 함께 밀리던 여름 열기 속에서 순백의 S시인과 사랑의 만남은 어설픈 삶의 행방을 바꾸는데 등불이 되었다. 사랑은 그것을 베푸는 자와 받는 자 모두가 정신적으로 혹은 내면적으로 기쁨을 충분히 맛볼 수 있었다.

> 시든 풀꽃 쓰다듬는
> 따사로운 손 끝에
> 한 권의 복음서가 펼쳐지면
> 멀리서 혹은 곁에서 들리는
> 둔탁한 음절도 녹아 흐르고
>
> -(중략)-
>
> 쌓인 어둠 속에 부려놓은
> 소중한 우리들 사랑을 위해
> 시를 위해
> 오지(奧地)를 밝힌 저 등불.

인간의 만남 가운데에서도 가장 소중한 만남은 사랑의 만남이다. 사랑의 만남은 새로운 삶의 지표를 세워준다. 얼마나 많은 사람들이 서로를 증오하고 시기하면서 조그마한 이익을 위해서 아웅다웅하는지. 안타까운 현실에서 사랑의 만남을 통해서 새로운 삶을 살아가게 된다는 것은 무엇을 의미하는가. S시인에 대한 동경과 기다림을 표출시킨 졸시에서 보듯이 오지에 비 젖는 날 우리들 숨막히는 자벌레들이 그의 부드러운 정원에서 사랑의 손길을 넉넉하게 하고 축축한 마음 밭을 말리고 있었다.

그 S시인은 얼마나 멋쟁이인지 모른다. 한국 문단이내 예술계에서 이미 알려진 사실이지만 후학들이나 후배들에게 오랜 가뭄을 해갈해 주는 향그러운 보슬비의 마력도 있다. 그의 곁에서 항상 포근한 향내의 커피가 있고 그의 언어에는 우리를 꿈꾸게 하는 무지개가 떠 있다. 풀잎 끝으로 미끄러지는 영롱한 이슬이 그의 환한 모습에서 찾을 수 있고 먼 산 너머 그리운 고향을 생각게 하는 혼화함을 그의 체취에서 느낄 수 있다. S시인은 분명 생명의 힘찬 숨결을 내뱉으면서 견디어온 내 끈질긴 생명에 뿌려진 한 사발의 감로수였다.

안개 흩날리는 언덕에서 떨리는 모스부호를 보내다가 간간이 한 소절씩 신음 같은 노래만 내 목청으로 불러대던 당시의 유배지에서 금방 돌아온 육신이나 용광로에서 거르지 못한 빈사 상태의 내 영혼에게는 분명히 은인이었으리. 어찌 이 세상 고뇌가 내 마음 속에서만 불치의 한(恨)으로 남아 있으랴마는 고뇌에 절여진 몇 줄의 삶 위에 부질없이 돌팔매질만 해대면서 오늘도 안개를 걷어내는 한 사내는 S시인 저만큼 앞서 걷는 그림자를 따라 나선다. 하지만 그의 진정한 마음의 거울에 비쳐진 나의 모습을 보여줄 수 없다는 것은 나의 괴로움이다.

더러는 그와의 사랑을 질투하는 자, 그의 사랑을 추구하는 자들의 시기나 지나친 욕망들이 빚어낸 일단의 언동이나 오랫동안의 병폐로 남아 있는 문단 파워게임의 망상에 사로잡힌 일부의 훼방으로도 S시인과의 연분은 끊을 수 없기에 말이다. 그의 말마따나 "아무튼 당신의 사랑이 영적이든 육적이든 항상 절망적 포옹에서 스스로 용해와 분리를 통해서 비로소 사랑을 완성시킬 수 있다."는 그 대목을 유의해 주기를 내 주위의 이상한 눈초리들에게 거듭 바랄 뿐이다.

　사랑의 계절, 사랑한다는 것과 사랑하면서 살아간다는 것은 한 가닥 인연, 그 만남의 메아리이다. 우리 비워둔 마음 밭에 꿈 머금은 꽃망울이 영글 때 지금 우리는 사랑하고 있는 것이다. 그대 가슴 속에는 뜨겁게 사랑이 타오르고 있는 것이다. 흔들리는 나뭇잎 사이로 매미들의 합창처럼 황량한 바다 위로 나는 이름 모를 한 마리 해조(海鳥), 나는 그들을 사랑하리라. 아무리 지우려 해도 내 생명의 심층까지 죄어드는 수많은 허탈과 절망은 나의 허물을 벗기면서 사랑으로 나를 찾아나가서기 위해서이다. 사랑은 가장 절망적인 허탈의 늪에서 허우적대다가 마지막 건져 올린 인생의 찬란한 증언임을 굳게 믿고 있기 때문이다.

　　　당신이 머무는 밤사이
　　　물망초 한 송이 둥둥 떠가는 사랑의 노래
　　　하얀 모래알의 그리움일까
　　　바다새여, 바다새여
　　　두 세 치 깊이의 우울한 바닷가
　　　초록빛 영상으로 젖은 가슴 말리는 이 밤의 아픔을
　　　너는 모를 일, 너는 모르리라.
　　　　　　　　　　　　　　(1989. 신영 사보-마음의 창)

아니, 이런 요행수가…

   옛날에 어떤 재상의 아명(兒名)이 돌(石乙)이었다. 이웃집에는 두타비(豆他非)라는 친구가 살고 있었는데 매우 친한 사이였으나 돌은 재상이 되고 두타비는 어찌어찌하여 실명(失明)하여 장님이 되어서 점치는 것을 배웠지만 재주가 짧아 명성을 얻지 못하고 불행하게 살고 있었다.
   돌은 그를 불쌍히 여겨 살아갈 길을 열어주려고 한 꾀를 내어 몰래 서로 약속을 하였다. "내가 거짓으로 말을 잃어버린 체하고 동문 밖 어느 몇 번째 소나무에 말을 매어 놓겠네. 그리고 자네를 시켜 점을 칠 테니 답하게. 그러면 장안에 소문이 크게 나서 점을 보려는 자들이 올 것이네." 마침내 점을 친 두타비는 장안에서 화젯거리가 되고 사람들이 몰려들었다.
   그때 임금이 옥대를 잃어버렸는데 두타비를 불러들이라고 명령했다. 두타비는 자기 실력을 아는지라 이젠 죽었구나 하고 말등에 얹혀 성안으로 가고 있었다. 한편 옥대를 훔쳐간 도둑은 길가에서 두타비의 동정을 살피고 있었는데 두타비는 탄식조로 "불가설이(不可設耳: 말할 수 없는데), 불가설이를" 반복하면서 오대를 훔친 도둑이 많은 뇌물을 줄 테니 '불가설이'라는 넉 자만은 제발 말하지 말아달라고 간청하면서 옥대는 대궐 서쪽 계단 아래 묻어놓았다고 했다.

이는 도둑의 이름이 화구(火狗)이고 직업은 서리(書吏)였다. 화구는 방언으로 '불개'여서 '불개서리'로 들려서 두타비의 점쾌에서 자신의 죄가 탄로 날 것을 걱정하고 사형을 면하게 해달라는 것이었다.

두타비는 그의 말대로 궁궐 서쪽 계단 밑을 파보니 과연 옥대가 거기에 있었다. 그러나 임금은 이를 몹시 기이하게 생각하고 재차 시험해보기로 하고 큰 두꺼비 한 마리를 잡아 돌로 눌러놓고 "과인이 어떤 물건을 숨겼는지 말해보아라. 만약 맞추지 못하면 너를 마땅히 죽일 것이요, 맞추면 큰 상을 내리리라." 두타비는 참으로 민망하였다. 무슨 재주로 임금이 숨긴 물건을 알아맞추나, 두타비는 임금 옆에 서 있는 돌 재상을 노려보며.

"돌씨(石乙氏) 때문에 두타비 죽네."라고 몇 번을 외치면서 울음을 터트렸다. 이 돌 재상이 자신에게 헛된 명성을 만들어 주어 이제 죽게 되었음을 한탄한 것이다. "과인이 과연 두꺼비를 한 마리 얻어 돌로 눌러 숨겨 놓았느니라. 이 자는 천하의 신령스런 점장이로다. 큰 상을 내리도록 하라." 두타비는 정신이 번쩍 들었다. 아아, 돌시는 돌이고 두타비는 두꺼비의 방언이었다.

조선조 명종 때 유몽인이라는 분이 지은 『어우야담(於于野談)』에 나오는 이야기이다. 이를 지은 사람도 "아, 허명(虛名)이 우연히 맞아 참된 복이 돌아갔도다. 한번이야 요행(僥倖)이라고 할 수 있겠지만 어찌 두 번째도 요행이었겠는가!"라고 감탄의 말을 덧붙여 놓았다. 이런 우연의 일치로 죽음을 모면하고 몇 천석의 후한 상을 받은 요행을 다룬 이야기들이 많지만 이 이야기의 근원은 말이 잘못 전달된 데에서 오는 아이러니라고 할 수 있을 것이다. 하기야 우리가 사용하는 우리말을 정확하게 표현한다는 어려움도 있겠으나 지금도 나름대로 쓰이고 있는 각 지방마다 다른 토속어들은 자칫 잘못 들어 오해를 불러일으킬 소지도 있으리라.

우리 민담에도 어떤 사람이 시장에 가서 옷을 가리키며 "이것이 무엇이요?"

"옷이요(오시오)" 들어갔다.

"이것은 무엇이요?"(잣을 가리키며)

"잣이요(자시오)" 그냥 먹었다.

이번에는 갓을 가리키며 "이것은 무엇이요?"

"갓이요(가시오)" 그래서 그냥 가버렸다는 엉뚱한 이야기가 있는 바와 같이 들리는 대로 해석한다면 요행이 아니라 큰 실수를 저지를 수도 있게 될 것이다.

우리 속담에는 말만 잘 하면 천 냥 빚도 갚는다는 말처럼 말은 생활에 많은 영향을 끼치는 것이 사실이다. 말 한마디가 천금의 가치가 잇다는 일언천금(一言千金)을 다시 한 번 새겨볼만 하다.

(1997. 11. 월간 『당뇨』)

되풀이하지 말아야 할 모순들

　바야흐로 시절은 새봄과 함께 새 시대가 활짝 열렸다. 역사적인 정권교체로 새 대통령이 취임하여 모든 것을 새롭게 바로잡아 살기 좋은 세상을 만들려는 새로운 출발의 목소리가 여기저기에서 높이 들리고 있다. 돌이켜보기도 싫은 대형사고들이 많은 생명을 앗아가고 정치, 경제, 사회 등이 모두 발전은커녕 오히려 퇴보되지나 않았나 할 정도로 우리 국민들은 모순투성이의 과거를 하나씩 잊어가고 있다.
　중국의 전국시대 한비자의「난세편」에 보면 이 모순(矛盾)에 대한 이야기가 있다. 주(周)나라의 위세가 땅에 떨어지고 군웅(群雄)이 천하에 어지러이 일어나 서로 세력을 다투어 곳곳에서 싸움이 벌어지고 토지와 성을 약탈하는 무법천지라 병기(兵器)의 소모가 불타나고 좋은 무기일수록 잘 팔렸다. 이때 어느 곳에서 창(矛)과 방패(盾)를 파는 사람이 사람들을 향해서 외치고 있었다.

"여러분, 이 창을 보시오. 서릿발 같이 날카로운 창, 이 창으로 무엇이든지 찌를 수 있어서 어떤 방패라도 소용이 없습니다. 자, 좋은 기회를 놓치지 마시고 한 개씩 장만하여 이 난세를 미리 예방합시다."

이렇게 한바탕 신나게 떠들던 장사꾼은 다시 방패를 들고 선전했다.

"자, 보시오. 이 방패는 아무데서나 볼 수 있는 물건이 아닙니다. 명인으로 손으로 만든 천하의 일품, 아무리 예리한 창으로 찔러도 뚫지 못할 것이요. 약탈자는 언제 쳐들어올지 모르는 일, 이 방패로 그들을 막아냅시다."

아까부터 옆에서 듣고만 있던 한 노인이 말했다.

"과연 당신이 팔고 있는 이 창과 방패는 훌륭한 것이야. 그러나 내가 나이가 많아서 그런지 아니면 머리가 나빠서 그런지 몰라도 당신이 그 어떤 방패라도 뚫을 수 있다는 이 창을 가지고 어떤 창으로도 뚫지 못한다는 그 방패를 한번 찔러보면 어떻게 될 것인지 알 수가 없구려. 거기에 대해서 설명 좀 해 보시게나. 여러분, 어떻소? 이 점이 제일 중요한 일이 아니겠소?"

대답도 못하고 쩔쩔매던 장사꾼은 어느새 물건을 챙겨서 어디론가 사라졌다. 구경꾼들만 크게 웃고 있었다. 이렇게 서로 앞뒤가 맞지 않는 것을 일러 '모순'이라고 한다. 지금은 너무나도 널리 쓰이는 말이 되었다.

옛날 권학시(勸學詩)에도 이러한 모습을 보이는 말이 있다.

"어리고 젊어서는 모름지기 부지런히 배울 것이니 문장을 해야만 가히 몸을 세우는 것, 조정에 가득한 저 귀한 사람들은 모두 글 읽은 사람들일세.(小小須勤學 文章可立身 滿月靑紫貴 皆是讀書人)"라고 독서를 권했다. 조정의 만조백관이 글을 많이 읽은 사람들이라, 독서를 해야만 출세할 수 있다는 교훈이다. 그러나 어떤 한 선비가 암행어사(暗行御使)까지 지냈지만 무슨 연유로 죄인이 되어 먼 요동땅으로 귀양을 가고 말았다. 이 선비 왈(曰), "어리고 젊어서는 학문에 부지런하지 말라. 문장은 반드시 자기 몸을 그르치는 것, 요동땅 삼만 명은 모두 귀양살이하는 사람으로 모두 글을 읽은 사람들일세(小小休勤學 文章誤了身 遼東三萬衛 盡是讀書人)."라고 했다. 한 마디로 모순이다. 모순이 지나쳐 갈등까지 생긴다. 아마도 글을 읽고 벼슬도 했으나 시류(時流)와 맞지 않아 역적으로 몰려서 귀양까지 간 듯하다.

그러나 또 놀랄 일이 있다. 사회 기강이 문란해지고 선비들이 문장이나 능력으로 관리에 등용되지 않고 뇌물과 비리로 매관매직(賣官賣職)을 하거나 낙하산을 타고 관리에 임용되는 난세도 있어 이를 개탄하는 어떤 사람은 푸념 같은 말로 "누가 어리고 젊어서 학문을 부지런히 하랴. 문장 가지고 몸을 세우지 못하는 것, 조정에 가득한 귀인들은 모두 글 읽은 사람들이 아닐세(小小誰休勤學 文章未立身 滿月靑紫貴 不是讀書人)."라 하였으니 모든 일이 짐작은 간다마는 이런 모순 앞에서는 다 함께 의아

해질 수밖에 없는 노릇이다.

　이러하듯이 우리 주변에는 많은 모순들이 상존(常存)한다. 그러나 지난날의 과오나 모순은 이제 되풀이 되어서는 안 될 것이다.

(1998. 4. 월간 『당뇨』)

IMF시대와 자린고비

　우리는 지금 어쩌다가 IMF시대에 살고 있다. 이유야 어찌 되었건 간에 온 국민이 허리띠를 바짝 졸라매고 정신을 똑바로 차리지 않으면 예기치 않던 불행이 초래될 위기인 것만은 틀림없다. 이런 시절일수록 검소하고 절약하는 우리의 본심으로 돌아가서 국난을 극복하는 것밖에 다른 방도가 없을 것이다.
　이번에는 자린고비 이야기나 해볼까 한다. 예로부터 자린고비 이야기는 여러 가지 형태로 전해진다. 자반고등어 한 마리를 사다가 천장에 매달아 놓고 하루 세끼 식사 때마다 쳐다보면서 반찬을 대신했다는 이야기. 그러나 아들녀석이 너무 자주 쳐다본다고 꾸중을 했다는 구두쇠 영감이나 며느리가 생선 만진 손으로 국을 끓였더니 살림 헤프게 산다고 나무라면서 "그 손을 우물에다 씻었으면 온 동네 사람들이 일년 내내 고깃국을 먹었을 터인데." 하고 한탄했다는 이야기 등은 인색하기로도 너무나 지나칠 정도이다.
　옛날 자린고비와 달랑곱재기가 살고 있었는데 두 사람 모두 둘째가라면 서러워 할 구두쇠였다. 하루는 자린고비가 추운 겨울에 잠을 자다보니 문짝에 사발만한 구멍이 나 있었다. 찬바람이 들어와 등덜미가 오슬오슬한데 그놈의 문구멍을 발라야할 창호지가 없었다. 돈 주고 사오기는 얼어 죽었으면 죽었지 생각조차 하지 않았다. 밤새도록 떨고 난 자린고비는 날이 밝자 온 동네를 들쑤시며 돌아다니다가 누군가 쓰다 버린 찢어진 종이조각을 하나 주웠으나 문구멍에 맞춰보니 좀 작았다. 그는 궁리 끝에 그 종이에 깨알같이 글을 썼다.
　"내 긴히 쓸 일이 있어서 그러니 올해 정월 초하루부터 섣달 그믐날까지 일진을 좀 적어 보내주게." 하고 달랑곱재기에게 편지를 보냈다. 꿍꿍이 속은 작은 종이에 편지를 보내어 큰 종이를 얻으려는 속셈이었다. 일년 삼백 예순날의 일진을 다 적으려면 반절지 종이 한 장은 들테고 그것으로 문구멍을 바르고도 남는다는 계산이었으리라. 그러나 아무리 기다려도 답장이 오지 않았다. 화가 머리끝까지 난 자린고비가 달랑곱재기 집으로 찾아가서 따졌다.
　"이 사람아, 남의 편지를 받았으면 답장을 보내야 할 것 아닌가."
　"아, 그것 참 미안하게 됐네. 답장을 보내고 싶었지만 집안에 종이가 있어야지."

그러나 본전 생각이 나서 편지를 돌려 달라고 재촉했다. 달랑곱재기 왈, "그 종이조각으로 마침 우리 집 문구멍이 뚫어진 데가 있어서 발라놓았네. 질긴 것이 문 바르기에 아주 좋더군."

고비는 한술 더 떴지만 제 꾀에 제가 속아 넘어가고 화가 나서 다짜고짜 문구멍에 붙어있는 자기 편지를 잡아 떼어가지고 그 집을 나섰다. 달랑곱재기 다시 왈, "여보게 자네 편지를 자네가 도로 가져가는 거야 말릴 일은 아니지만 그 편지에 붙은 밥알은 떼어놓고 가게. 그것 붙이느라 밥알이 자그마치 세 알이나 들었다네."

허허, 일이 이쯤되면 아무리 구두쇠라도 둘 다 모두 구제불능감이다.

이렇게 스스로 낭패 보는 구두쇠 이야기는 또 있다. 어떤 고을에서 큰 부자로 사는 김첨지는 손님을 접대함에 있어서 등급을 두고 하인에게 단단히 일러놓았는데 손님의 신분이나 지위의 고하에 따라 손을 이마에 대면 푸짐한 진수성찬으로, 손으로 코를 만지면 보통으로, 그리고 턱을 만지면 깨어진 개다리소반에 막걸리 한 사발과 묵은 김치 한 접시만 올리도록 하라는 엄명이었다. 그러던 어느 날 가난한 선비의 방문을 받고 이런저런 대화를 나누다가 마침 점심때가 되어서 하인이 "나리, 진지 드실 시간이 옵는데 상을 차릴까요?" "오냐" 하고는 김첨지는 손으로 턱을 어루만지려 하자 그 선비는 재빨리 눈치를 채고 "어르신, 이마에 개미가 한 마리 기어갑니다." 첨지의 손은 얼른 이마를 더듬고 말았다.

하인은 첨지의 손짓에 따라 상다리가 부러지도록 푸짐하게 상을 차려왔다. 자신이 속은 것을 알고 부아가 났으나 내색할 수도 없었지만 도저히 참지 못해서 애꿎은 담뱃대만 뻑뻑 빨면서 돌아앉았다.

"첨지께서는 왜 수저조차 안 드십니까?"

"아아 아침을 늦게 먹었더니 밥 생각이 없구려."

"예, 저는 아침을 먹는 둥 마는 둥 했더니 몹시 시장하군요. 그럼 맛있게 먹겠습니다." 선비는 포식을 하고 나서 남아있는 음식을 모두 싸달라고 했다. 집에 가지고 가서 노모와 함께 먹기 위해서였다.

선비가 돌아간 뒤에 죄 없는 하인만 당할 밖에. "이 한심한 놈아, 그런 거렁뱅이한테 진수성찬을 올리면 어떡해. 에라이 눈치도 없는 놈 쯧쯧."

"저는 그저 나리 손짓만 보고…."

"닥치거라, 이노옴!" 화가 풀리지 않은 첨지는 노발대발하면서 하인만 꾸짖고 며칠간 식음을 전폐했다는 이야기이다.

대체적으로 자린고비나 구두쇠는 부자이다. 알뜰하게 저축하면서 모으는 지혜는 우리들이 살아가는데 표본으로 삼아야 하겠지만 너무 가혹하리만치 사람의 기본 생각을 초월하는 그야말로 짠돌이가 되는 것은 공동체 사회에서는 글쎄, 손가락질의 대상이나 되지 않을까 싶다. (1998. 2. 월간 『당뇨』)

변질된 사랑법

　일찍 청록파 조지훈 시인은 연애에는 두 가지의 길이 있다고 했다. 하나는 결합이니 곧 결혼하여 부부애, 육친애로 발전하는 길, '발전적인 사랑의 코스'이며 다른 하나는 결별이니 서로 떨어져서 사모하면서 영원히 맺어지지 않는 연인애로 환원하는 길, '슬픈 사랑의 코스'가 그것이라고 그의 저서 『연애미학 서설』에서 말하고 있다.
　이 말에서 얼른 알 수 있는 것은 지극히 정상적인 코스의 연애와 결합될 수 없는 비정정적인 코스의 연애이다. 사랑에는 대체로 두 가지 측면을 이야기한다. 에로스(Eros)와 아가페(Agape)적인 사랑을 말하는데 그리스 신화에 나오는 사랑의 신 에로스, 일반적인 의미의 사랑으로 쓰였으나 지금은 육체적인 사랑으로 변했다. 아가페는 인격적, 정신적 사랑이다. 기독교에서 하느님의 인간에 대한 사랑(博愛)이나 불교에서 자비로써 인간 상호간의 형제애(慈悲)를 일컫는다.

 이러한 사랑에 대한 방법이나 종류 이외에 좀 특이하다고나 할까, 변태적인 방법의 사랑 이야기를 종종 듣게 된다. 동성애라는 것이다. 외국의 이질적인 문화의 산물이라고 외면해오던 동성애라는 말이 언제부터인가 이 땅에서도 심심찮게 우리의 관심의 대상이 되고 있다.

 그런데 놀랍게도 조선조 시대에 동성애가 있었다는 기록이 있다. 대궐 안에서 평생 혼자 살아야 하는 상궁들이나 무수리들이 정한을 달래기 위한 한 방법이었는지도 모른다. 조선조 5대왕 문종도 부인의 동성애로 시달림을 받았는데 그의 빈궁 김씨는 투기가 심해서 폐출되었고 두 번째로 맞이한 빈궁 봉씨는 동성애를 하다가 폐출되었다. 이 봉씨는 소쌍이라는 무수리에게 동성애를 강요하다가 세종비 소헌왕후에게 발각되어 소쌍이 문초를 받았다.

 "빈궁께서 강요하여 하는 수 없이 반쯤 옷을 벗고 병풍 안으로 들어갔습니다. 빈궁께서는 저의 옷을 강제로 벗기고 억지로 자리에 눕게 하여 남자와 교합하는 모양으로 희롱하였습니다."

 소쌍의 자백을 들은 소헌왕후는 진노(震怒)하였다. 며느리가 동성애자라니, 마침내 빈궁 봉씨도 불러서 부끄럽고 망측함을 무릅쓰고 그 진상을 캐물었다.

 "소쌍이 항상 나를 사랑하고 좋아해서 밤에는 함께 잘 뿐만 아니라 낮에도 서로 목을 껴안고 혀를 바꾸어 가며 빨았다."고 자

밝히였다. 여기서 놀라운 사실은 이런 해괴망측한 사건을 『세종장헌대왕실록』에 가감 없이 자세하게 기록해 놓고 있다는 일이다. 당시의 관습이나 왕실의 엄청난 사건으로서는 상상하기 어려운 기록이다.

또 세조 때에는 남녀의 성기를 모두 갖춘 양성인 사람이 있었다. 이름하여 사방지(舍方知)라고 했다. 남자일 수도 있고 여자일 수도 있는 사방지는 세종조 때 천문학자로 당대 최고의 명예를 누렸던 이순지의 딸과 부정한 관계를 맺다가 세간의 떠들썩한 한 일이 있었다. 마침내 세조가 알게 되어 조사를 해보니 "연건방에 사는 고 학생 김구석의 처 이씨의 가인(家人) 사방지가 여복(女服)을 하고 종적이 괴이하다 하여 잡아다가 살펴보았더니 음경과 음낭은 남자였습니다. 그가 남자로서 여장(女裝)을 한 것은 반드시 무슨 까닭이 있을 것이니…." 하고 말을 흐려서 요즘 말로 하면 좀 더 정밀 검사를 실시하게 되었다.

최종적으로 승정원에서 올라온 보고서에는 머리의 장식과 복식은 여자이고 음경, 음낭은 남자이지만 일반 남자와는 달리 또 하나의 정도(精道)가 있는 양성인데 남자의 형상이 더 많다는 것이었다. 그리고 일찍이 과부가 김구석의 처와 간통한 것은 오래되었고 여승(女僧)과도 간통한 사실이 있다는 것이다.

세조는 사방지를 벌하지 않았다. 이유는 그의 양성이 남자 같지만 아직 성년이 되지 않은 것과 다를 바가 없다는 것이다. 말하자면 남자로서의 구실을 할 수 없다는 것. 이렇게 보면 여자들의 동성애에 불과하다는 결론이 나온다.

조지훈 시인의 말대로 결합이든 결별이든 사랑할 수 있는 대상이 문제이다. 남녀간의 사랑도 중요하지만 반윤리적이거나 변질된 사랑의 방법은 예나 지금이나 사회적인 큰 문제를 유발하는 위험만 가중시킬 뿐이다.

(1997. 8. 월간 『당뇨』)

착각은 자유라 하지만

　사람들은 살아가면서 자신의 의사를 말이나 글로써 전달하고 교감하면서 살게 마련이다. 그러나 자신의 진실이 엉뚱하게 전해지면 오해나 곡해(曲解)로 시비로까지 발전하게 된다. 또한 이런 오해는 자칫하면 억측을 불러 일으켜 망신을 당하는 경우도 있다. 처음부터 한 사람을 공격하기 위해서 중상모략을 하거나 비방으로 없는 일이나 불분명한 일을 거짓으로 퍼뜨리는 말이라면 서로 해명으로 풀어버리면 그만이지 잘못 전해진 의사표시는 또 다른 착각을 낳는다.
　시쳇말로 착각은 자유라고 했던가. 옛날 중국에서 천자의 명령을 받은 조사(詔使)가 우리나라에 들어왔다. 행차가 평양에 이르렀을 때 길가에 있는 한 남자를 보니 키는 팔구척에 수염은 허리까지 자랐는지라 이 사신이 기이하게 여기고 손을 들어 손가락을 동그랗게 만들어 보이자 그 남자는 손가락을 네모지게 만들어 응대하였다.

그래서 사신이 이번에는 세 손가락을 굽혀 보이자 남자는 다섯 손가락을 굽혀 답하였고 또 사신이 옷을 들어 보이니 남자는 곧 손가락으로 자신의 입을 가리켰다. 이 사신이 서울에 이르러 사신을 영접하는 관반(舘伴)에게 말했다.

"내가 중원에 있을 때 귀국이 예의지방(禮義之邦)이라고 들었는데 진실로 빈말이 아니었소."

"무슨 말씀인지요?" 관반이 물었다.

"내가 평양에 도착했을 때 길가에 있던 한 장부를 보았는데 그는 체격이 무척 컸소. 그래서 그의 중심에는 반드시 색다른 무엇이 있으리라 여기고 손가락을 둥글게 만들어 보였는데 그것은 하늘이 둥글다는 의미였소. 그러자 그는 손가락 네 개를 네모지게 응대했으니 그것은 땅은 네모지다는 것을 의미한 것이오. 또 내가 세 손가락을 굽혔던 삼강(三綱)을 의미한 것인데 그는 다섯 손가락을 굽혀 오륜(五倫)을 의미한 것이었소. 내가 옷을 들어보였던 것은 옛날에 의상은 형편없었지만 천하가 잘 다스려졌음을 의미했던 것인데 그는 말세(末世)에는 구설(口舌)로써 천하를 다스린다는 뜻으로 손으로 입을 가리킨 것이오. 길가의 그 천한 사내도 이와 같거늘 하물며 유식한 사대부들이야 더 말할 나위가 있겠소?"

관반은 사신이 길가에 만났다는 그 사내를 기특하게 여기고 공문을 보내어 그를 찾아서 서울로 데려왔다. 재물을 후하게 베푼 뒤 그 연유를 물어 보았다.

"사신께서 손가락을 둥글게 만든 것은 그분이 절편을 드시고 싶어서였고 나는 인절미가 먹고 싶었기에 네모지게 했습니다."
착각도 이쯤 되면 노망의 지름길이 될 만도 하다.

"그분은 하루에 세 끼를 드시고자 하여 세 손가락을 구부렸고 나는 다섯 끼니를 먹고 싶어 다섯 손가락을 구부렸던 것입니다. 그리고 그분이 근심하는 바는 옷 입는 일이기에 옷을 들어 보였고 내가 근심하는 바는 입에 풀칠하는 것이기에 입을 가리킨 것이옵니다."

"……."

이 말을 전해들은 조정에서는 모두 크게 웃고 말았지만 이 중국 사신은 이러한 사실도 모르고 그 기이한 남자에게 공경하는 예를 베풀었던 것이다. 조선시대 우리나라 최초의 야담집 『어우야담』에 수록되어 있는 이야기이다.

"아! 슬프도다. 수염 긴 사내가 사신에게서 공경을 받음이여, 이 사신은 한갓 겉모습만 보고 생각하여 실수를 했던 것이랴. 또한 예의지방이라는 우리나라의 명성에 미리 겁을 먹었던 것이니 이는 만세(萬世)의 웃음거리가 아니겠는가?"라고 이야기 말미(末尾)에 덧붙여 놓고 있다.

천려일실(千慮一失)이란 말이 있다. 지혜로운 사람도 많은 생각 가운데는 미처 생각하지 못하는 말이 있어서 실수를 할 때가 있다는 말이다. 그러나 실수와 착각이 이처럼의 중국 사신의 정도라면 글쎄, 이는 어떻게 해명되어야 할까. 다행하게도 관반은 이를 끝까지 실토하지 않고 사신이 오래도록 자신의 진실인 양 착각 속에 헤매도록 그냥 두었다는 옛 사람의 정서는 또한 무엇이었을까.

(1997. 10. 월간 『당뇨』)

호랑이의 해, 호랑이의 효성

　무인년(戊寅年)의 해가 밝았다. 올해에 태어나는 아이는 호랑이(또는 범)띠가 된다. 호랑이를 일러 산군(山君)이니 산수지군(山獸之君)이라 하여 무서운 존재, 맹호(猛虎)로만 여긴다. 그러나 박지원『열하일기』에서는 호랑이는 착하고 성스럽고 문채롭고 싸움 잘하고 슬기롭고 어질고 엉큼스럽고 날래고 세차고 사납기가 그야말로 대적할 자가 천하에 없다고 했다. 과연 산군이라 부를 수 있겠다.
　옛날 어느 산골에 한 농부가 늙은 어머니를 모시고 살았다. 가난하여 날마다 산으로 나무를 하러 가는데 어느 날 커다란 입을 벌리고 농부를 삼킬 듯이 다가오는 호랑이와 마주쳤다.
　"이제 꼼짝없이 죽는구나." 농부는 눈앞이 캄캄해졌다. 농부는 정신을 가다듬고 무슨 수가 없을까하고 궁리를 하다가 문득 좋은 생각이 떠올랐다. 놀란 얼굴을 감추고 천천히 호랑이 앞으로 다가가서 무릎을 꿇고 큰절을 올렸다.
"아, 형님! 이제야 뵙게 되었습니다. 그동안 별 일 없으셨는지요?" 농부의 하는 짓이 신기한 듯 바라보던 호랑이가 "이놈아 사람이 호랑이 보고 형님이라고 하는 법이 어디 있어?" 하고 화를 내면서 소리를 질렀다.
"어머님이 늘 말씀하시기를 너의 형은 어릴 때 산으로 나무를 하러 갔다가 이제까지 돌아오지 않아서 죽은 줄로만 알았는데 요즘 가끔 꿈에서 호랑이가 되어 집으로 돌아오지 못하고 있는 것을 보았다. 그러니 너의 형은 어쩌면 호랑이가 되어 집에 돌아오지 못하는 모양이니 만약 산에서 호랑이를 만나면 형님이라고 부르고 어머니는 편히 있다고 알려드리라고 말씀하시더군요. 그래 오늘 호랑이님을 만나 뵈니 꼭 형님을 만난 것 같아서 그럽니다." 농부는 능청스럽게 눈물까지 흘리면서 거짓말을 꾸며댔다.
호랑이는 뜻밖에 농부의 말을 듣고 보니 과연 자기가 어디에서 태어났는지, 누구의 아들인지 전혀 알 수가 없어 정말로 그 농부의 형인지도 모른다는 생각이 들었다. "그럼, 어머님을 지금도 살아 계시냐?" 호랑이는 그만 농부가 동생 같이 느껴졌다.
"아직도 살아 계시는데 틈만 나면 형님 생각에 우신답니다. 형님, 지금 저하고 함께 집으로 가서 어머님을 뵙지요."
"네 말을 듣고 보니 지금 당장 어머님을 뵙고 싶지만 내가 이렇게 호랑이 모습으로는 어떻게 갈 수 있겠느냐. 직접 가서 뵙지 못해도 한 달에 두어 번 멧돼지나 갖다 줄 터이니 너나 어머님께 효도하여라."
"알았습니다. 형님."
"그럼, 잘 가거라."
 농부의 엉뚱한 기지(機智)로 위기를 모면하고 그날은 나무도 하지 않고 집으로 돌아왔는데 이런 일이 있은 뒤 다음 달 초하룻날 아침에 일어나 보니 뒤뜰에 멧돼지 한 마리가 놓여 있었고 보름날도 그랬다. 농부는 정말 신기한 일이라 생각하고 멧돼지 고기로 어머니를 잘 모시고 남은 고기는 팔아서 돈을 모아 몇 해가 지나지 않아서 부자가 되었다.
 그 후에 농부의 어머니가 세상 떠나자 멧돼지도 보이지 않았다. 웬일일까. 궁금하여 산으로 가 보았는데 어미 호랑이는 없고 새끼 호랑이 세 마리가 놀고 있었다. 이들은 모두 꼬리에 하얀 헝겊이 매달려 있었다.
 "애들아, 너희들 꼬리의 헝겊은 무엇을 의미 하는 것이냐?"
 농부는 이상한 생각이 들어서 물어 보았다.
 "우리 할머니는 본래 사람이었는데 돌아가셨대요. 할머니가 돌아가신 뒤로 날마다 어머니만 부르면서 울다가 우리 아빠도 그만 병이 나서 돌아가셨지 뭐예요. 그래서 헝겊을 달고 있는 거예요." 농부는 숙연해졌다. 눈물이 핑 돌았다.
 우리 민담(民譚)에 있는 이야기이다. 효성이 지극했던 호랑이나 위기를 극복하고 도리어 복으로 승화시킨 전화위복(轉禍爲福)

의 농부나 모두 허구에서 시작된 전설 같은 이야기이지만 이런 민담도 각박한 우리 생활에 조그마한 교훈을 던지고 있어서 호랑이해의 훈훈한 정초(正初)가 될 듯싶다.

(1998. 1. 월간 『당뇨』)

사촌이 땅을 사면 배가 아프다?

　남이 잘 되는 것을 보고 공연히 시기하는 것을 우리 속담에는 사촌이 땅사면 배가 아프다고 한다. 옛날부터 사람은 살아가면서 시기하고 질투하는 묘한 심리적인 단면을 간직해서이지 행인지 불행(幸人之不幸: 남의 불행을 기뻐함)이나 투현질능(妬賢疾能: 어진 사람을 미워하고 재능 있는 사람을 시기함), 승기자염지(勝己者厭之: 자기보다 나은 사람을 싫어함) 등의 고어(古語)가 생겨났는지도 모른다.
　옛날 그리스에 탈레스라는 유명한 철학자가 있었는데 부자로 살았다. 어떤 친구가 와서 "자네는 학자답지 않게 돈을 많이 모으다니 그게 될 말이요?" 하고 그를 힐난(詰難)하자 "응, 자네는 자기가 하지 못할 일이면 무엇이든지 다른 사람도 하지 못하게 하는 고약한 버릇이 있네그려." 하고 응수했다. 시기는 일종의 병이라고 할 만큼 무서운 결과를 낳게 한다.
　조선조 세조 때 함경도 사람들이 자기들의 향토는 스스로 다스린다고 일으킨 사건이 이시애의 반란이다. 이때 조정에서 대대적인 토벌에 나섰는데 도총사에 귀성군 이준, 부총사에 조석문을 임명하고 그 밑에 28명의 대장과 10만 대군의 병력으로 토벌군을 편성하여 출전했다.

이 대장 가운데는 우리가 잘 알고 있는 남이(南怡)장군이 있었다. 토벌군의 총공격으로 반란군은 토벌했으나 이시애는 사로잡지 못했다. 이시애는 패주하면서 만주로 도망가기 위해 가족과 경성에 숨어 있었는데 도총사 이준은 일단 추격을 멈추고 함경도 지역의 민심을 안부하면서 남이장군에게 일군(一群)의 병력을 주어 샛길로 나아가 이시애의 퇴로(退路)를 차단하게 하였다. 남이장군은 두만강 회령에 진을 치고 깊은 승리의 감회에 젖어 강 건너편을 응시하면서 시 한 수를 지었다.

白頭山石磨刀盡 豆萬江水飮馬無
男兒二十未平國 後世誰稱大丈夫

백두산 돌은 칼을 갈아 다 없애고
두만강 물은 말 먹여 없애고
남아 20세 되어 나라를 평정하지 못하면
누가 후세에 대장부라 부르리오

남이장군은 천하가 자기의 호통소리에 모두 굴복하듯 장부의 기개가 넘쳤다. 읊고 읊고 또 읊어도 승승장구하는 자기의 생각이 잘 표현된 야망의 주제가 넘치고 있었다. 그런데 그의 곁으로 다가오는 한 그림자가 있었다.

"허허허, 과연 장부다운 시입니다."

크게 웃으며 다가온 사람은 갑사 유자광이었다. 그는 전에 호조참의를 지낸 바 있는 사람으로 무예에 남다른 재질이 있는 역사였다. 유자광의 눈초리는 남이장군을 쏘아보고 있었다. 힘이 넘쳐흐르는 남이장군의 시를 보는 순간 질투심이 끓어올랐으나 꾹 참고 있었다. 그러나 이 시 한 수로 인해서 유자광이 자기를 모함하는 빌미가 될 줄이야 누가 알았겠는가.

남이장군은 조선조 3대 태종의 외손으로서 이시애 반란 정벌 때 선봉장으로 적진을 격파하고 일등공신이 되었고 세조는 스무 살밖에 안된 남이장군에게 병조판서까지 제수하였다. 세조가 승하하고 아들 예종이 등극하였을 때 남이의 특출한 기개를 시기하였는데 이를 눈치 챈 유자광이 모함하기 시작했다. 마침 하늘에 혜성이 나타난 것을 보고 남이가 모반한다고 밀고(密告)하였다.

이 증거물로 그의 시구 중에서 "男兒二十未平國"을 "男兒二十未得國"으로 '平國'이 아닌 '得國'으로 고쳐서 이십 세에 나라를 손아귀에 넣는다고 어거지로 고했다. 결국 남이장군은 한 사람의 질투와 시기로 인해서 역적으로 몰려서 죽고 말았다. 또한 남이장군의 지속상관이었던 강순이란 사람과 공모했다고 끌어넣어서 그와 함께 처형되었다. 이는 상관으로서 억울한 부하의 죽음을 보고도 구하지 않아서 분개했던 것이다. 아마도 그 상관도 은연중에 남이의 승승가도를 시기하고 있었는지도 모를 일이다.

 이러하듯이 다른 사람이 잘 되는 꼴을 못 보아주는 못된 습성이 아직도 이 땅에 여기저기서 독버섯으로 자라고 있다. 서로 아끼면서 끌어주고 사랑하면서 살아가는 낙원은 언제쯤 올 수 있을까.

(1997. 9. 월간 『당뇨』)

용서함에는 뉘우침이 있어야

　옛날이야기나 고전(古典)은 우리가 들은 바 있어서 익히 알고 있을지라도 다시 들으면 그 재미나 새로운 교훈을 일깨워 준다. 오늘은 관용을 베풀거나 잘못이 있는 자를 용서함으로써 크게 뉘우치게 하여 감동을 주는 처용랑의 모습을 통해서 요즘의 각박한 현실을 다른 사유로 바라볼 수 있는 계기로 삼고자 한다.
　신라 제49대 헌강왕 시절, 풍우(風雨)가 순조로워 해마다 풍년이 들어 백성들은 태평성대를 노래하고 있었다. 어느 날 왕이 개운포(지금 울산)에 바람을 쐬러 나갔다가 돌아오는 길에 해변가에서 잠시 쉬고 있는데 난데없이 구름과 안개가 끼어 지척을 분간할 수 없게 되었다. 왕이 이상하게 여겨 점성관에게 물으니 "이것은 동해의 용이 변괴(變怪)를 일으킨 것이므로 대왕께서는 좋은 일을 베풀어야 하옵니다."

왕은 즉시 명하여 용을 위한 절을 지으라고 했다. 왕명이 내려지자 바로 안개가 걷히면서 용이 아들 일곱 명과 함께 나타나서 노래와 춤을 추었다.
　"소신들은 본래 용왕의 아들이온데 오늘 어가(御駕)가 왕림하신다기에 이곳으로 나왔는데 왕이 선정(善政)을 베푸시므로 대왕의 덕을 찬양코자 이렇게 춤과 노래를 하는 중이 옵니다."
　왕은 용왕이 자신의 선정을 알아주는 것이 기뻐서 만족한 얼굴로 춤과 노래를 감상하였다. 해가 저물어 왕이 환궁(還宮)하려 할 때 용왕의 아들 하나가 나서며 "신의 이름은 처용이라 하옵는데 부왕(父王)의 명으로 신라의 신하가 되어 화려한 신라를 배우고자 하옵니다."
　왕은 허락하고 그를 궁궐로 데리고 왔다. 처용은 미모의 여자에게 장가들고 급간의 벼슬까지 얻었다. 이는 왕이 처용의 마음을 사로잡기 위해서였다. 처용이 서라벌로 들어와서 춤을 추니 그의 춤에 반한 청춘남녀들이 구름같이 모여들어 이를 배우고 삼삼오오 짝을 지어 사랑을 속삭였다. 이 춤을 '처용무'라고 한다.
　그런데 어느 날 처용이 밤늦도록 춤과 노래를 즐기다가 집으로 돌아와 보니 이 어쩐 일인가. 혼자 있어야 할 아내의 침실에 사람의 발 네 개가 나란히 누워 있지 않겠는가.

　　동경 밝은 달 아래 밤드리 노닐다가

들어와 잠자리를 보니 다리가 넷이어라
둘은 내 것이언마는 둘은 누구 것인고
본래 내 것이었지만 빼앗긴 것을 어찌하리잇고

이렇게 처용이 노래하며 덩실덩실 춤까지 추었다. 이 노래를 듣고 간부(姦夫)는 일어나서 무릎을 꿇고 용서를 빌었다.

"나는 본래 역신(疫神)이온데 공의 아내가 너무 아름다워 흠모하면서 죄를 범했는데도 공은 노하지 아니하고 노래를 부르니 공의 미덕에 감탄하였습니다. 공의 얼굴을 그린 화상(畵像)만 보아도 그 집에 절대로 들어가지 않겠습니다."

역신은 물러가고 그 뒤부터 이 말에 따라 사람들은 처용의 얼굴을 그려서 문에 붙여두고 귀신을 물리치고 집안에 경사스런 일만 많이 맞았다고 한다. 그 후 왕은 용과의 약속대로 서라벌 영취산 동쪽에 좋은 땅을 골라 절을 짓고 망해서(望海寺) 또는 신방사라고 했다. 이 이야기도 『삼국유사』의 「처용랑과 망해사」 편에 기록되어 있다.

남을 용서하라. 그러면 너희도 용서를 받을 것이라는 성경의 구절처럼 용서와 관용이 인간의 미덕임에는 틀림없다. 그러나 잘못이 처용의 아내쯤 되면 우리의 보편적인 사유(思惟)는 어떠할까. 남의 허물을 용서하는 데는 대단한 용기와 인내가 필요하다. 원수를 사랑할 수 있는 성자(聖子)의 충만된 크나큰 덕을 쌓지 않으면 불가능할지도 모른다.

이 시대에 만연한 이기주의나 독선이 과연 남을 용서하면서 화해의 슬기를 구가할 수 있을지는 모르지만 우리 모두의 과제로 남지만 너무나 인색한 정 때문에 자칫 인간과 인간의 순수한 심성들이 악덕(惡德)으로 상하고 있지 않나 하는 염려들을 이런 고전을 통해서 되새겨보면 어떨지.

(1997. 6. 월간 『당뇨』)

하늘이 알고 땅이 알고

우리 속담에 '낮말은 새가 듣고 밤말은 쥐가 듣는다'는 말이 있다. 아무도 듣지 않는 곳에서라도 남의 말을 함부로 하지 말라는 교훈이다. 요즘 세상을 떠들썩하게 했던 한보청문회를 보면 상식적으로 판단할 수 있는 일도 "잘 모른다. 잘 기억이 나지 않는다." 등으로 얼버무리면서 정말로 답답해하는 국민들의 분노를 사고 있다.

살아가는데 있어서 무슨 비밀이 그렇게 많은지, 그리고 백일하에 드러나고 말 그 비밀을 감추려고 안간힘을 쓰면서 거짓말들을 하고 있는지 자못 울화가 치미는 일들의 연속이다.

중국의 후한시대 양진이란 사람이 있었다. 양진은 대단한 박식(博識)이었고 청렴결백한 인물로서 그 당시 사람들은 관서의 공자라고 칭송하였다. 양진이 산동성 동래태수로 임명되어 부임하던 중 창읍현이란 곳에서 하룻밤을 묵어가게 되었는데 어인 일인가,

밤늦게 창읍현령 왕밀이란 사람이 남모르게 찾아왔다.

"태수님, 참 반갑습니다. 형주에서 많은 도움을 받은 왕밀이 올시다."

"아, 참 오랜만일세."

양진은 왕밀을 기억하고 있었다. 일찍이 형주고을에서 감찰관을 지내고 있을 때 그의 학식을 알아보고 관리시험에 합격시켜준 인물이었다. 두 사람은 지나간 이야기를 한참 하다가 갑자기 왕밀이 금(金) 열 근을 품에서 꺼내더니 양진에게 내밀면서 받으라는 것이었다. 그러나 양진은 부드럽게 그러나 단호하게 받기를 거절하면서 "나는 전부터 그대의 학식이나 인품을 잘 알고 있네. 그런데 그대는 내가 어떤 사람인지를 잊어버렸는가?"

"아닙니다. 태수님. 태수님이 얼마나 고결한 분인가는 마음속에 뚜렷이 새겨져 있습니다. 그렇지만 이것은 뇌물이 아니고 전에 입은 은혜에 대한 감사의 뜻으로 받아주시기 간청하옵니다."

"자네는 내가 미리 짐작한 대로 훌륭히 성장하여 지금은 현령이 되었네. 앞으로 더 영진하여 세상을 위해서 일해줄 줄 믿네. 나에 대한 은혜는 그것으로 갚아진 셈이 아니겠나."

"아니 올시다. 태수님, 그렇게 딱딱하게 생각하실 것이 아닙니다. 그리고 지금은 밤이 깊었으며 또 이곳에는 태수님과 저뿐입니다. 아무도 모르는 것이…."

"아무도 모른다고 할 수는 없겠지. 우선 하늘이 알고 땅이 알고 있네. 게다가 자네가 알고 나도 알고 있지 않은가?"

이 말에 왕밀은 얼굴을 붉히며 돌아갔는데, 그 후 양진은 고결함이 더욱 빛나서 드디어 태위(병사의 최고 관리)에 올랐다. 이야기는 후한서에 있는 사지(四知)이다. 즉, 하늘이 알고 땅이 알며 네가 알고 또 나도 안다(天知地知 自知我知)라는 고사(故事)이다. 고위 관리인 태수 양진의 청렴결백이 우리에게 일차적인 교훈을 제시하고 있지만 비밀이란 언젠가는 만천하에 드러나고 만다는 교훈도 중요하게 느껴진다.

지금처럼 어수선하기만 한 무슨 비자금이니 무슨 리스트니 하는 우리의 현실을 생각하면 무슨 말이 소용이 있을까. 귀신도 모른다. 쥐도 새도 모른다고 한다. 그러나 어찌 국가의 대사나 사회적인 큰 문제들이 영원히 감추어질 수 있을까.

이이(李珥)의 『栗谷集』에 보면 심전이란 탐하고 더럽지만 외척의 권세로 여러 관직을 지내고 큰 고을의 수령이 되어 오직 돈 긁어모으기만 일삼다가 관직이 박탈되었다. 능청스럽게 "자식이 열 명이나 되는데 탐하지 않으면 어찌 살 수 있으랴. 그러나 가람은 해치지 않았다."고 하였다.

누가 옆에 있다가 "그 사람 참 정직한 선비다." 이유인 즉 "자기가 탐한 것을 숨기지 않으니까."라고 해서 주위에서 듣는 사람들이 크게 웃었다는 기록이 있다. 참으로 뻔뻔하다고나 할까. 입이 다물어지지 않는 일들이 어디 한두 번이랴.

자기만의 치부를 위하고 자기만의 목적달성을 위해서 권력이나 지위를 앞세워 비리를 저지르고도 밥먹듯이 거짓말로 국민을 우롱하는 무리들이 아직도 준동하고 있음에야.

(1997. 7. 월간 『당뇨』)

살기 좋은 세상 만들기

아침에 일어나서 조간신문을 보거나 TV뉴스를 보노라면 이 세상이 무섭고 섬뜩해진다. 대명찬지에서 어디서는 살인을 하고 누구를 납치하고 또 강도와 강간이며 불법, 탈법, 무법, 편법 등 이미 이 세상 살기를 포기한 것 같은 아수라(阿修羅)에 온 느낌이다. 아무리 극에 달한 물질문명의 발달로 이기주의가 팽배했다지만 나만 살고보자는 극단은 위험천만한 일이다. 누군가 말했듯이 말세가 다가온 것은 아닌지 의심스럽다.

그러나 세계의 유명한 시인 하이네는 다음과 같이 노래했다.

세상은 아름답고 하늘은 푸르다
산들바람 고요히 불어오며
들판의 꽃들은 손을 흔들고
아침 이슬에 반짝이누나
어느 곳을 보아도 웃는 사람들의 얼굴.

어찌 보면 시대착오적인 소리로 들리겠지만 이 세상 어느 곳에도 이러한 낙원은 없는 것인가. 권력과 돈으로 이 세상을 휘두르고 언제나 가지지 못한 약한 자만이 당해야 하는 서글픈 사회 풍조가 이 세상을 지배하고 있어서 인간다운 삶은 기대하기 어렵게 되었는지도 모른다.

흔히들 너무 쉽게 말하기를 교육이 잘못되었다고 한다. 올바른 인성과 정서의 부재에 그 책임을 전가하고 있다. 그렇다면 이 인성의 교육은 누가 시키고 있는가. 국민들의 지식과 교양 교육을 담당하고 있는 학교가 있고 예의바른 사랑으로 인간의 심성을 여물게 하는 가정교육이 있다. 그러나 어느 한 곳도 이를 감당할 수 없는 지경에 와 있는 듯하다.

어떤 학교에서는 선생님께 야단을 들은 학생이 휴대폰으로 선생님을 경찰에 신고하여 선생님이 경찰에로 연행되어 갔던 일이나 꾸중을 들은 학생의 부모가 학교로 달려와서 학생들이 보는 앞에서 선생님의 멱살을 잡고 따졌다는 상상도 하기 싫은 추태가 공공연하게 벌어지고 있는 이 세상이고 보면 가정도 학교도 모두 형식적으로 존재하고 비윤리적, 부도덕, 무질서로 뒤덮인 현실을 통감(痛感)하지 않을 수 없다.

이 세상에서 비리와 폭력과 환락과 범죄를 추방하고 사랑과 행복과 정이 가득 넘치는 사회를 만들 수는 없을까? 신문이나 방송에서 대하는 대문짝만한 사건보다는 진실로 사랑을 실천하고 전달하면서 보이지 않게 묵묵히 살아가는 사람들도 많이 있다는 것을 보여주어야 한다.

그러하기에 우리의 신문도 이러한 아름다운 이야기를 찾아나서야 하리라. 지면 가득히 미담(美談)을 소개하고 참인간의 실천 주인공을 크게 부각시키는 일에 소홀해서는 안 되리라. 그 늘진 이 세상 어디엔가는 필시 사랑으로 오순도순 살아온 인격체들이 많이 있다는 점에 유의하여야 하리라.

인간을 만물의 영장이라고 한다. 인간의 본성에는 선과 악이 공존하는 모순이 있어서 인간을 교육하는 솜씨에 따라서 선하게도, 악하게도 만들 수 있을 것이다. "너희는 짐승처럼 살기 위해서 만들어진 것이 아니고 덕과 지식을 구하기 위해서 만들어졌다."는 명언을 상기해야 한다.

어느 곳에서는 70세의 아들이 100세의 노모를 지극 정성으로 모시는 효가 있는가하면, 개인의 행복을 모두 바쳐서 고아들을 모아 친자식처럼 돌보고 있다는 참사랑의 실천이 있으며 나보다는 불우한 이웃을 먼저 생각하고 갈 곳 없는 노인들에게 점심 한 끼를 10년 넘도록 제공하고 있다는 흐뭇하고 사랑이 꽃피는 일들이 얼마든지 있다.

옛말에 가이인이 불여조호(可以人而 不如鳥乎)라고 했다. '사람으로 태어나서 새만도 못하다면 그 수치스러움이 심하다'는 말이다. 아무리 자기 혼자만 권력과 돈으로 행복을 누린다고 해도 하나의 인격체로서의 인간다운 삶이 없다면 짐승의 삶과 무엇이 다르랴.

  우리는 모두 살기 좋은 세상을 원하고 있다. 그러나 실천이 없다. 스스로 자신을 파괴하고 나가서는 가정과 사회의 파괴 아니 온 인류를 멸망시키는 어리석음을 저지러지고 있는 것이다. 이러한 조그마한 실현을 위해서 언론과 방송매체는 지금이라도 나서야 하지 않겠는가.

(1999. 1. 월간 『당뇨』)

분단 반세기의 고통은 긴장뿐인가

 금강산 관광하던 중 말 한마디 잘못했다고 해서 공작원이란 누명을 쓰고 북한에 억류되었다가 풀려난 한 평범한 가정주부의 악몽은 잊을 수가 없다.
 "김정일 할아버지, 울엄마 빨리 돌려보내 주세요. 99.6.22. 민영미씨 아들 손준영, 손종훈 올림."
 엄마와 함께 갔다가 생이별을 한 채로 홀로 돌아온 아들의의 눈물겨운 호소는 더욱 마음 아프게 하였다. 이 사건은 그들이 꽃게잡이 어선들의 조업 안전을 이유로 서해상 북방한계선(NLL)을 수차례 침범하여 드디어 선제공격을 했다가 우리 해군의 함포 사격을 받고 경비정 두 척이 침몰하거나 크게 부서지고 30여 명이 사망하는 사건이 있은 직후의 일이라서 보복차원의 생떼였는지도 모를 일이다.
 더군다나 6·25라는 잊을 수 없는 비극, 민족 분단 반세기의 아픔을 되새기는 6월에 일어난 일이기에 우리들의 가슴은 더욱 애절하다 못해서 분노를 느끼게 하였다. 참으로 이 비극은 언제나 풀릴지 그 실마리가 보이지 않는 이 지구상에서 오직 우리들만이 겪고 있는 한맺힌 과제이기도 하다.

 금강산을 다녀온 사람이면 다 아는 바이지만 어디 안심하고 동족의 따스한 말 한 마디 제대로 건넬 수가 있었던가. 산행 중에 담배를 못 피우게 한다든지, 휴지를 함부로 버리지 못하는 것은 잘한다 치고 정해진 길 말고는 자유롭게 산행을 할 수 있는 것도, 사진을 마음대로 찍을 수 있는 것도 아닌 너무나 틀에 짜여진 채로 어쩌면 그들에게 질질 끌려다니는 듯한 그런 관광이 아니었던가.

 그러나 지난 12월부터 5월말까지 6개월 동안 약 9만 명이나 금강산을 다녀와서 입산료와 비자대 등으로 1인당 2백 달러씩 약 1억 5천만 달러를 이미 현대그룹이 북쪽에 송금한 것으로 알려지고 있는 것이다. 또한 현대가 금강산 관광과 개발의 대가로 2005년 2월까지 북한에 주기로 약속한 돈은 모두 9억 4천백만 달러, 우리 돈으로 무려 1조 1천 3백억 원이라는 어마어마한 거금을 뿌리면서 신변안전에 대한 보장도 없이 관광을 즐기고 있는 것이다.

 이러한 일들은 굶주림에 허덕이는 동족에게 조금이라도 보탬이 될까하고 쌀을 보내고 비료를 보내고 또 무엇을 보내는 동족의 따뜻한 마음에서 출발하여 그들이 진정한 사랑으로 받아들여서 마음의 문을 연다면 머지않아 통일이라는 민족적 숙원을 앞당기는 초석으로 삼겠다는 보이지 않는 우리들의 배려가 짙게 깔려 있었다. 마찬가지로 금강산 개발과 관광도 이러한 맥락에서 생각해볼 수도 있으나 이번 억류사건으로 볼 때 그들은 언제든지 '공화국에 반대하는 행위'라는 구실을 달아서 관광객을 마구잡이로 억류할 수 있다는 소지가 다분히 남아 있어서 떨떠름할 뿐이다.

이제 억류되었던 가정주부는 돌아왔지만 이로 인한 냉기류는 아직도 가시지 않고 있다. 서해 교전이나 억류 등을 모두 우리측에 책임으로 떠넘기고 있어서 두 차례나 열린 북경 차관급 회담이나 판문점 정성급 회담이 저들의 생떼로 아무 성과 없이 끝나고 금강산 관광의 재개도 불투명한 상태이다.

더러는 작금의 사태를 두고 분석이 분분하다. 그것은 저들이 우리의 대북정책이 합반도 주변 4강으로부터 지지를 얻자 이를 방치할 경우 한반도의 문제가 남한의 의도대로 진행되는 것이 두려운 나머지 제동을 걸기 위해서 긴장을 조성하고 있다는 것이다. 그리고 금강산 억류사건은 대내적으로 체제를 강화하고 대외적으로는 관광객들의 자유분방한 행동에 제동을 걸어 긴장을 조성하고 잘못은 우리에게 덮어씌워서 북한 주민들에게도 긴장을 강화한다는 것이다.

그러나 6백억 원어치의 비료를 지원받고 금강산 사업을 통해서 엄청난 달러벌이의 좋은 기회를 맞고 있으면서도 걸핏하면

사건을 야기시키는 저들의 숨겨진 의도는 과연 무엇인지 참으로 짐작할 수 없는 일이다.

오늘도 이산가족들의 고통을 외면하는 인간 이하의 철면피는 언제쯤 벗겨질 것인가.

(1999.8. 월간 『당뇨』)

영글은 영혼을 위한

　섬돌 밑에서 뚜르르뚜르르 귀뚜라미가 아침저녁으로 울거나 창밖에서 떨어지는 나뭇잎 하나를 보고 이미 가을임을 알았다(一葉落知秋)는 옛 선비들의 시구(詩句)는 어쩌면 한 폭의 아스라한 정경이 담뿍 채색된 풍경화를 보는 느낌이다.
　높고 푸른 하늘에서 은빛으로 쏟아지는 가을 햇살을 받으면서 들녘에 무르익어 일렁이는 오곡백과의 황금물결은 우리들에게 가장 고즈넉하고 풍요로움을 안겨주는 계절의 선물일진대 인간의 고운 심성 위에 아름답게 번지는 정서의 보물이 이 가을을 통해서 온 천지에 수놓고 있다.
　가을이 왔다. 신비롭게도 가을의 감각은 우리의 생활에 있어서 마멸된 활력소의 재충전을 제공해준다. 더구나 오늘날 도시인들의 황폐한 가슴속에서 삶에 대한 지혜의 충만으로 더할 수 없는 자양을 흡수하기도 한다.

봄의 새생명이 겨우내 긴 잠을 깨고 나와 작열하는 여름 태양에 달군 온몸의 열기로 이제 가을의 결실에 도달하면 우리들도 계절의 넉넉함 앞에서 무엇인가 한번쯤 뒤돌아보는 인생의 회상같은 영글어 가고 있는 영혼을 보는 듯도 하다.

언제나 지난 일들은 아쉽기만 하고 먼 그리움만 가득하게 우리네의 어쭙잖은 일상이라면 계절처럼 성큼성큼 변화하는 나 자신도 좋은 일이든 궂은 일이든 다시 한 번 생각하는 일도 미래의 영근 결실의 나를 위해서 신선한 청량제의 구실은 할 수 있으리라.

그러나 올해의 가을은 조금은 우울함으로 다가옴은 어인일인가. 지난 여름이 남겨준 이상기온을 일컬어 냉하(冷夏)라고 했던가. 충분하지 못한 일조량으로 모든 식물이 튼튼한 열매를 맺기에는 여러 가지 어려움이 있었다고 한다.

기상이변 때문에 농작물의 수확이 감소되어 더군다나 걱정 많은 농촌에 암울한 먹구름이 끼지 않을까 적이 근심이 앞서는 일이다. 그렇지 않아도 우루과이 라운드인지 뭔지가 그동안 상당히 괴롭히고 있다는 우리 농민들의 실정이고 보면 이 가을의 행복을 예비하는 풍년의 현실은 예사롭지만은 않기 때문이다.

어쩌랴, 하얀 서리로 피어난 한 떨기 들국화는 진통도 가을바람에 흩날리는 그윽한 향기를 위해서 인내하지 않았던가. 비록 쭉정이뿐인 들판에 서서도 둥실 떠가는 한 점 흰구름을 생각하고 단풍잎이 후두둑 떨어지는 서글픈 가을밤에 환하게 등불을 켜고 한 줄의 글이라도 읽는 슬기로 이 아픔을 극복할 수밖에.

　이 세상 아픈 것들이 어찌 내 마음 뿐이랴. 가을 여린 햇살을 수줍어하는 이름 모를 풀꽃들의 냄새가 그리웁다. 싱그럽지도 않을 그 풀꽃은 언제나 파아란 하늘의 따사로운 풍요를 꿈꾼다. 아니면 이 세상 가득한 어둠과 맞서서 소리 없는 울음에 지쳐 있는지도 모를 일이다.

　다만 어렴풋이 확인되는 것은 우리 모두의 신음 같은 노래 한 소절씩만 간간히 바람결에 들릴 뿐이다. 미처 곰삭지 못한 설익은 나의 목쉰 노래들이 작은 풀꽃의 떨림과도 같으리라.

　　창 밖에서 나뭇잎이 후두둑
　　어머니
　　그 청청하던 여름날의 기억
　　하나쯤은 책갈피에 묻어두렵니다
　　귀뚜리 소리, 그리움 사람아
　　도란도란 피어오른 정겨운
　　먼 고향으로 얼비치는
　　동심의 엽서 한 장은
　　꽃송이에서 이제 막 영글은 영혼일까요
　　누군가의 손짓으로 멀어져 간
　　나직한 어머니의 목소리
　　코스모스 꽃길에 뿌려지는데
　　나는 마지막 매미 울음만 듣습니다

가을, 내 작은 기다림이여
포근히 스민 울엄마의 품안에
사뿐사뿐 흐르는 노래 한 음절
그것은 모두
꽃잎들이 밤새도록 속삭인
넉넉한 사랑이었습니다.

　가을을 사랑하자. 낙엽의 신음소리를 사랑하자. 멀리서 손짓하는 바람을 따라 텅 빈 가을길을 걸어가 본다. 오래도록 삭지 못한 낡은 염원 하나씩은 고독한 가을 꽃잎 위에 던져본다. 발걸음이 허허롭다. 낙엽 밟는 소리만큼 아득히 지워지는 그리움이 있다. 그 그리움은 어머니였다가 연인이었다가 이내 지워지고 마는 사랑이었다.
　사랑은 가을을 아픔만큼 노래한다. 실농(失農)한 농민들이 아프고 이미 내 곁에서 멀어진 연인의 환한 모습이 괴롭고 잘 풀리지 않는 우리들의 일상들이 측은한 만큼 사랑의 불빛을 찾아야 한다. 나와 너, 그리고 우리들 노래의 잔잔한 영혼을 위하여 내면에서 승화된 꿈이 있어야 하리라. 사랑의 꿈을 영원히 영글게 하여야 한다. 항상 깨어있는 물상들과 더불어 빈사상태에서 헤매는 오늘의 영혼을 사랑으로 감싸야 하리라.
　이 가을에 사랑의 그리움이 있는 사람은 행복하다. 현재의 고난과 허탈 다음에는 반드시 아름다운 약속이 다가온다. 맑은 영혼들만 모여 사는 가을하늘처럼 영롱한 햇살이 다시 쏟아질 것이다. 그대가 여름 땡볕에서 나뭇잎처럼 왕성하게 한 계절을 살다가 가을비에 젖어버린 비운의 낙엽 같은 형상에 다다랐다 해도 우리는 사색하는 미래를 먼저 봐야하고 차가운 겨울을 예감하는 작은 새 한 마리를 볼 수 있어야 한다.

 그대가 다시 핏발선 눈동자로 황량한 들판을 보면서 끝없는 쭉정이의 탄식을 가늠한다 해도 우리는 비어있는 뜨거운 가슴에 한 사발의 감로수를 채워야 한다. 아아, 그대 사랑이여, 추광(秋光)이 완연한 한낮에 구절초, 들국화 한 다발 꺾어서 공허하기만 한 우리들의 가슴에 향내로 생기를 불어 넣을거나.

 황혼의 가을 어느 교외 한적한 들길에서 감성이 흘러넘치는 가장 순수한 사랑의 밀어를 나누고 눈부시게 타오르는 계절의 불꽃을 공감하지 않으려나. 가을이 되면 목마른 영혼들이 이 가을만은 마음의 창문을 모두 열고 사랑의 언어를 나누고 있다. 온누리에 펼쳐진 사랑의 결실을 확인하고 내 마음 깊숙이 영글은 영혼을 재발견할 수 있는 가을이 마냥 정겨울 뿐이다.

(1993. 9. 『한국통신기술』)